日経文庫
NIKKEI BUNKO

SEを極める50の鉄則

馬場史郎

日本経済新聞出版

日経文庫版発刊にあたって

本書は、顧客から信頼されるしっかりしたＳＥ（システムズエンジニア）、そしてＳＥマネジャになるために行動すべき事柄をまとめたものである。「迷ったときの判断基準は顧客が51、企業が49」、「独りでぶらっとお客様を訪問する」といった印象的な鉄則が50件、列挙されている。

どの鉄則も顧客となる企業や団体の幹部や現場担当者との接し方、強いチームの作り方、プロジェクトのコツ、自分や後輩が成長するカギ、などを具体的に説いており、業種業界を問わず、顧客と共に仕事をするすべてのビジネスパーソンに役立つ内容になっている。

２０００年４月に発行された原著は日経コンピュータ誌に１９９７年10月から連載されたコラムをまとめたもので10万部近く売れた。「後輩に手渡したい」という要望が寄せられ、２０１９年に新装版が出され、さらに今回、日経文庫の一冊として出版される。

ロングセラーになったのは実務で役に立つからである。例えば大手金融業のシステム関連会社で役員を務めた元ＳＥはこう振り返る。「ＳＥになった当初、お客様との交渉や設計をいきなり任され、遅れや品質など山積みの問題を乗り切れるのか、自分の設計方針は正しいのか、と日々薄氷を踏む思いだったが、ちょうど連載されていた馬場さんのコラムを拠り所にしてなんとか乗り切れた」。

読者はＳＥに限らない。「営業担当者にとっても大変役に立つ」といった感想もいただいた。50の鉄則は、長年ＳＥとして数多くの大企業や中小企業を担当し、多数のプロジェクトを経験してきた馬場氏が「自分はこれでいいのか」と日々考え続けた結果をまとめたものだ。馬場氏は、「顧客に頼りにされる存在になり、しかも自社のビジネスに貢献したい。そのためには自身の存在価値をよく考え、技術以外の力も身に付けないといけない」という姿勢で行動し、後輩を指導した。

本書や連載のもとになったメモがあり、それを馬場氏は１９８５年のある日、一気に書き上げた。それから40年近く経っているものの、姿勢や行動、考え方に関する内容が大半で、変化が激しい技術そのものにはほとんど触れていないため、本書の内容は現在でも通用する。

それでも中には「今の時代にあわない」「とても実行できない」と感じる記述があるかもしれない。その場合は「この行動の意図は何か」「どうすればその意図を今日貫けるか」と考え、同僚や先輩と話し合っていただければと思う。それが日本の情報化の発展につながるはずである。

２０２４年５月

谷島 宣之（『ＳＥを極める50の鉄則』旧版・新装版編集者）

はじめに

情報技術（ＩＴ）ベンダーの顧客、すなわち情報システムを利用するユーザー企業は今も昔も、「信じられ、頼りになるプロ魂を持ったＳＥ」を求めている。顧客の身になってシステムの開発や運用を担当し、適切な提案や助言をしてくれるＳＥである。言い換えれば、顧客の痛みや悩みが分かり、顧客の中に飛び込んで顧客の立場で物事を考えてくれるＳＥである。もちろん、ＩＴについては顧客より強くなければならない。

逆に、腰が引けたＳＥは願い下げだと顧客は考えている。例えば、システムを開発する時にベンダーである自分たちの都合ばかり考える。顧客から言われたこと以外には手を出さないし提案もしない。技術的に難しい点があるとすぐに製品の仕様上の限界だと言う、といった類のＳＥである。

今後、「信じられ、頼りになるＳＥ」のニーズはますます強まってくる。オープン化／ネットワーク化が進めば進むほど、情報システムは複雑になり、開発や運用において高度な技術とベンダーコントロール力が要求される。しかし、情報システム部員が１００人近くいて、ベンダーをしっかりコントロールできるユーザーは一握りに過ぎない。そもそも、年功序列・ゼネラリスト育成が主流の日本のユーザーでは、ＩＴの専門家を育て難い。
となると、ほとんどのユーザーでさまざまな問題が起こっても別に不思議ではない。必然的にユーザーはベンダーのＳＥに頼らざるを得ない。

一方、ＩＴ業界においてもこれまで以上にＳＥが重要になってきた。ハードの標準化・低価格化が進み、ＩＴ業界では人間（ＳＥ）の付加価値の重要性が増している。顧客に買ってもらえる付加価値を持つ、いわゆる〝売れっ子のＳＥ〟がＩＴビジネスをリードする時代になりつつある。

すなわち、ＩＴ業界に身を置くＳＥは、顧客と自社双方の要請である「顧客に頼りにされるＳＥ」へ挑戦しなければならない。最新のＩＴを追いかけることも必要だが、それだけに喜びを求めるようではいただけない。第一線のＳＥにとって、顧客の信頼を勝ち取り、ビジネスに強くなることは余分の仕事ではない。プロのビジネスパーソンとしての義務である。

「技術はＳＥの命、ＳＥは技術があればそれで十分だ」と考えるＳＥの方もあろう。しかし、技術は顧客から信頼されるための必要条件であっても、十分条件とは言えない。

かわいそうなユーザー

現実のメーカー、ソフト会社、ＩＴコンサルタントの実態はどうだろうか。顧客の立場で物事を考えてシステムの開発やコンサルテーション、サポートができる「SE集団」を持っている企業はどのくらいあるのだろうか。残念ながら実態はかなりお寒いものである。

筆者は30年近くの間、コンピューターメーカーにおいてSEやSEマネジャとして仕事をした。その後、図らずも約5年間にわたりユーザー企業の情報システム部門で働く機会を得た。そこで、いくつかのプロジェクトを通して、多くのメーカーやソフト会社のSEの方々に、ユーザーの立場で接することができた。さらに多くのユーザーの方々と忌たんのない会話ができた。

筆者の感想は、「ユーザーはかわいそうだ」の一言に尽きる。頼りになるSEは非常に少ないし、SEとユーザーとの心のかい離が目立つ。もちろん、顧客の身になって考えてくれるSE、ユーザーが安心できる開発計画を提示してくれるSE、新技術を分かりやすく説明してくれるSEがまったくいないわけではない。

だが、何か言えばすぐ反論してくるSE、レスポンスタイムも考えないでシステムを設計するSE、ユーザーの利用部門をITの専門家だと錯覚しているSE、ろくな資料も作れないSE、コンサルテーションなどとてもできないくせにコンサルタントを名乗るSE、もいた。

筆者がユーザーとして、付き合ったSEマネジャやリーダーと称する人々を見わたして表● SE以外のビジネスパーソンから見た“SEの常識”

①顧客や営業担当者が言う通りに仕事をする
②売上額や利益などビジネス目標を知らない
③顧客やビジネスよりITを優先する
④「ITに強いSEが優秀なSE」と考えている
⑤SEマネジャは特定の顧客だけ訪問し，現場のSEは担当顧客の部課長と話をしない
⑥「顧客の担当者よりITをよく知っていれば顧客から信頼される」と思っている
⑦プロジェクトで自分の受注した範囲は考えるが，顧客の担当範囲まで考えない
⑧たとえ解決まで時間がかかっても，トラブルを自分で抱え込む
⑨データベース担当がネットワークの基本を知らないなど，自分の担当外のことを知らない
⑩相手のIT理解度に関係なく，IT用語を使って話す
⑪顧客の業界動向やアプリケーションを知ろうとしない
⑫顧客に積極的に提案しない
⑬会議などで自分の意見をなかなか言わない
⑭研修を受けていないITは知らなくて当然という態度をとる
⑮「これは自分の仕事，それは○○の仕事」とすぐ壁を作る
⑯プロジェクトで問題が起こると，「注文をとった営業担当者が悪い」と言う
⑰直接仕事と関係ない顧客の方に会っても挨拶もしない
⑱分かりやすい資料をなかなか作れない
⑲各種の業務連絡がルーズである
⑳部下のSEの育成は教育部門や人事部門の仕事だと思っている

も、SEマネジャとして合格点を付けられると思った人は、甘く見てせいぜい3、4割である。リーダークラスでこれだから、SE全体の実情も想像がつく。

多くのSEマネジャやSEが日ごろ、当然のようにやっていることの中には、顧客の責任者や営業担当者など他のビジネスパーソンから見ると理解できない点が多い。ビジネスに関心を持たない。アプリケーションに興味を示さない。仕事をする時に相手との間にすぐ壁を作る。このよう

に周りの人から見ると、「なぜSEはそうなのか」と疑問に思うことは結構ある。

もちろん、ほとんどのSEマネジャやSEたちはシステム開発の現場で徹夜も辞さず頑張っている。それでも、SE以外のビジネスパーソンから、「分からん」と言われるようではまずい。心あるSEマネジャやSEは怒るかもしれないが、あえて言えば、〝SEの常識〟は世間一般から見て非常識な面が多い。このことをSEマネジャやSEは謙虚に認識すべきではなかろうか。

ビジネスパーソンから見た〝SEの常識〟（つまり非常識）を表に列挙してみた。SEマネジャやSEの方々は、一つひとつの項目を見て、「自分はどうか」と自己点検してほしい。筆者としては、多くのSEマネジャやSEの方に、「わたしはこの表のような考えは持っていない」と言ってほしい。そうでない方は自分のやり方や考え方を見直すことをお勧めする。SEを部下に持つマネジャの方は「自分の部下はどうか」と言う視点でこの表を見ていただきたい。

正しいSE観を持て

〝SEの常識〟は大きく二つに分けられる。一つはSEマネジャやSEが自分で「こんなことではいけない、直さなければ」と思っていても、忙しいといった理由で手を打てず、結果として習慣となっている類である。もう一つはSE個々人が持つ、「SEはこうだ、こうあるべきだ」という「SE観」による類である。

前者については各人が自ら改善するか、だれかが厳しく指導するしかない。ややこしいのは、後者である。SE個々人の持っているSE観の問題を自分で気づき、考え方を変えなければならないからだ。

SE観は、これまでの経験、会社の組織や職務制度などの影響を強く受けて形成される。特に、技術屋はどうしても自分の経験から得たSE観に固執しやすい。その上、会社が決めたSE組織や職務内容などを見て、「会社が決めたSEの仕事はこれだ、これだけをやればよいのだな」と仕事の範囲を狭く解釈しがちである。

とりわけ強力な営業部隊を社内に持ち、機能別に細分化したSE職種やSE関連部門を持っている大手ITベンダーにこうしたSEが見うけられる。「売るのは営業だ、SEには関係ない」とか、「それは○○グループのSEの仕事で、わたしは関係ない」などと言い放つSEが結構いる。彼らがそう考えるのも分からないでもないが、筆者はそれはお客様や会社を無視した勝手な論理であり、SEの世界でしか通用しない〝常識〟であると思っている。

筆者がSEマネジャ時代にこんなことがあった。ある時、部下に「第一線のSEならば業務アプリケーションの常識的な知識が必要だ。君はなぜ、アプリケーションを勉強しないのか」と尋ねた。そのＳＥは、「わたしはＯＳのスペシャリストですから」と胸を張った。そこで次のように話した。「ＯＳのスペシャリストはアプリケーションを知らなくてよいとだれが決めたのか。○○社長か△△部長か。君が自分でそう決めているだけではないのか」。すると、そのＳＥは黙ってしまった。

自分に都合のいいように腰を引いて自分のやることを決めるのではなく、一人ひとりが企業や顧客にとってＳＥの存在価値は何かと言う原点に戻って考えるべきである。どんな会社や部門であっても、「ＳＥはビジネス目標を知らなくてよい」、「自分の専門分野だけに専念していればよい」、「ＳＥは顧客の部課長と会ってはならない」、「見やすい資料を作ってはならない」、「製品を売れる力をもってはならない」などと決めているはずがない。

要は、「何を信じればいいのか」ではなく、「何を信じたいか」という態度で臨むことである。一人ひとりが企業人としてのあり方、企業におけるＳＥの存在価値、顧客の期待感などに関する原理原則に基づいて考え行動すべきである。そして「会社が決めたことだ」とか「だれが良い・悪い」などと逃げないで自分に何ができるかを考え、それに挑戦すべきである。そうでないとお客様に信頼されないし、社内でもＳＥ以外の職種から頼りにされない。結局は単なる労働力にしか見られない。

ＳＥの非常識の問題は、ＳＥが技術を偏重しすぎるところに原因がある。ＳＥは「最新システムや製品に強くなりたい」という思いに引っ張られると、ビジネスや顧客の期待、企業人の常識などを軽視してしまう。確かに、ＳＥにとってシステムや製品は面白いし、それに強いと周りのＳＥに対する優越感も味わえる。ＩＴにさえ強ければ、将来どこでも飯が食えると錯覚するのも仕方がない面がある。

だからと言って顧客に責任がある第一線のＳＥがそれで良いわけはない。表に示した項目を、〝ＳＥの常識〟と言われたのでは、顧客やＳＥを雇っている企業はたまったものではない。どんなに技術力があっても、顧客とうまく意思疎通がはかれなかったり、アプリケーションが分からなかったりしたのでは、顧客に役立つシステムを作れるはずがない。

第一線のＳＥはおかしな常識を捨て、本物の常識を身に付けなければ、顧客はもちろん会社から信頼されない。それには、現在の考え方に固執しないで他の職種や顧客の方々の意見を謙虚に聞いたり批評してもらい、「ビジネス社会の常識」をつかむことである。

信頼されるＳＥを目指せ

本書は以上のような問題をかかえるＳＥやＳＥマネジャが日頃どのように考え、何をすればよいかについてまとめたものである。内容は、筆者が第一線でＳＥマネジャをしていた時代の経験に基づく。システムの開発・導入、あるいは販売活動でともに苦労した多くの後輩

SEに、SEマネジャとして指導してきた事柄や、折りにふれて話した内容をできる限り具体的に述べたつもりである。

本書は2部構成になっている。前半は、顧客が求める「信頼されるSE」の基本となる、プロ魂やSEの価値観について述べる。「SEの仕事の目的や物の考え方」、「SE集団（チーム）とSE個々人の在り方」、「顧客に対するスタンス」、「ビジネスや営業に対する姿勢」、「SEのキャリア」などである。

ぜひSEの方々も、一人ひとりがSEへの期待と問題を自覚し、本書の中で共感できる点があれば参考にしていただきたい。顧客と仕事をする時、経営者・営業と一緒に働く時、SEチームの在り方、SEの自己啓発の仕方などを考える時にきっと役立つと思う。

SEは自ら変化を起こし、プロ意識を育て、技術力と同様に人間的な側面の能力を向上させ、新しい自分作りに挑戦してもらいたい。そうすれば、経営者や管理職の見る目も違ってくるはずだ。そして必ずや顧客から頼りにされるSEになれ、会社のビジネスも伸びるし、顧客も満足する。ひいては日本の21世紀の情報化に貢献できると筆者は確信している。

特に若いSEの方々は、本書を通じて第一線のSEの在り方の正しい方向感覚をつかみ、その目標に向かって日ごろの研さんを積み、SEの基本を一つひとつ自分のものにして、先輩を超えるような「信頼されるSE」になってほしい。

SE時代の「思い」を忘れずに

本書の後半は、SEマネジャに向けたものである。SEマネジャとはSE課長、SEリーダーとも言われるSEを引っ張る管理職を指す。SEマネジャがしっかりしていないと、育つべきSEも育たない。

読者のSEマネジャの皆さんは、第一線のSEをしていた若いころのことをよく覚えているはずである。なにげない時にSEマネジャに声をかけられて、「よし頑張ろう」と思ったこと、カットオーバーの時にマネジャから「よく頑張ったなあ」と言われてうれしかったこと、仕事上で適切なアドバイスをもらって感謝したこと、いろいろな「喜び」を感じたことと思う。

逆に「SEマネジャは俺の仕事を分かってくれているのか」、「俺が担当しているプロジェクトや顧客をマネジャはどの程度知っているのか」、「なぜマネジャは上司や営業担当者の言いなりなのか」、「何を考えているのか分からない」、などSEマネジャに関して、さまざまな「イヤな思い」を感じられたこともあるだろう。

SEマネジャたるもの、自分がSEの時代に喜んだこと、うれしかったことをどんどん部下のSEに対して実践しなければならない。逆に部下がイヤな思いをするような言動は慎むべきである。

ＳＥマネジャが自分のＳＥ時代の思いを忘れずに部下に接することができれば、部下や顧客から信頼され、部下も育つ。そのＳＥマネジャは必ず、先輩を超えるＳＥマネジャになれる。こうしたことが何代か続けば、その企業は素晴らしいＳＥとＳＥマネジャを抱えることになり、必ず成長する。

ＳＥマネジャが「しっかりしたＳＥ」を育て、ビジネスを伸ばし、リーダーシップを発揮するには、ＳＥマネジャ自身が「ＳＥ時代の気持ちを忘れずに」行動することである。少なくとも筆者はこう信じてＳＥ人生を送ってきたし、今後も「ＳＥ時代の心」を大切にしたいと思っている。

日本の情報化を支えるＳＥを育てよ

ＳＥマネジャは、日本の産業界が将来に向けて成長を続けられるかどうか、そのカギを自分が握っているという認識で仕事に取り組むべきである。目下、日本の産業界は過去経験したことがないほどの逆風下にある。今後の発展は情報化抜きには考えられない。顧客は頼りになる「しっかりしたＳＥ」を強く求めている。この要請にこたえるのがＳＥマネジャの仕事である。

ＳＥマネジャはもっとＳＥの育成に力を入れ、技術力を強化し、チームワークを重視し、

SE各人の価値観（物の見方・考え方）をしっかりさせ、顧客から「しっかりしたSEだ」、「しっかりした人だ」、「頼りになる」と言ってもらえるSE集団を作らなければならない。

そのためにはSEマネジャは本書で詳しく述べる「12の行動」を体をはって実践することだ。SEマネジャ一人ひとりが当事者能力を発揮して、ビジネス目標の達成と部下の育成に注力するとともに、「SEの体質改善の担い手」としてSEの意識改革にも取り組んでいただきたい。

SEマネジャの方々がリーダーシップを発揮して、しっかりした技術者集団作りに挑戦することで、21世紀の新しい時代を支える人材が生まれ、企業も日本の情報化も進展する。そして21世紀には、SEこそが「情報化社会の担い手」、「顧客の真の相談相手」として広く認知され、顧客の情報システムにかかわる広範囲な問題の解決に誇りと責任を持って携わる、自信に満ちあふれたプロの技術集団が形成されているはずである。

本書は、日経コンピュータの連載記事「できるSEマネジャの条件」（1997年10月13日号～1998年9月28日号）、「信頼されるSEへの道」（1998年10月12日号～1999年3月29日号）、「信頼されるSEへの道・実践編」（1999年4月12日号～1999年9月27日号）、「SE一問一答」（1999年10月11日号～2000年9月25日号）を元に、加筆・修正したものです。

目次

第1部

信頼されるSEへの道

鉄則1●任務はビジネスの達成と顧客満足度の向上

SEの任務は、「ビジネス目標の達成」と「顧客満足度の向上」の二つである。この任務をやり遂げるために、SEは「ITを超えた力」を身に付けなければならない。
SEとしてのしっかりした考え、視野の広さ、交渉力、チャレンジ精神、などである。

SEとは、Systems Engineer または System Engineer の略である。ITをベースにして付加価値のある仕事を行う人々を意味する。ITを活用する客先のプロジェクトにおいて、「技術」に責任を持ち、「エンジニア」として活動する人々である。

具体的な例を挙げれば、BPR（ビジネス・プロセス・リエンジニアリング）を含めた業務分析やシステムの要件定義を担うコンサルタント、新たなアプリケーションを動かすシステム基盤の要件を決めて、設計・導入作業・プロジェクト管理を請け負うシステム系のコンサルタントやエンジニアなどを指す。プログラマは除くことにする。

第一線で働くSEの仕事の目的、すなわちSEの任務は、与えられた「ビジネス目標の達成」と「顧客に満足いただくこと」である。

ビジネス目標とは、自分が所属している部門やプロジェクトチームに与えられた売上高や利益額などを指す。昨今ではほとんどのIT関連企業でSE部門に対しても明確なビジネス目標が設定されているはずである。明示的に設定されていない場合は、自分が担当している顧客やプロジェクトについて最終責任を持っている営業部門などの目標を考えればよい。

一方、顧客の満足とは、顧客が期待している質の高いシステムを作り上げたり、顧客の問題解決に役立つ提案をするなどして、顧客に心から喜んでもらうことである。ひと言で表現すれば、「彼は頼りになるSEだ」と顧客に言っていただくことだ。

重要な点なので繰り返すが、SEの任務とは「ビジネス目標」と「顧客の満足」の双方を達成することである。両者の重要度は、「5対5」である。

例えば、期日通りにシステムをカットオーバーさせ、所定の売上高と利益を確保できたとしても、システムの出来栄えや開発の過程について、顧客からクレームが出てしまったら、そのSEの活動は「50点」しかもらえない。

逆に顧客が満足するシステムを開発できたとしても、そのプロジェクトが赤字になってしまったのでは、これまた「50点」である。

ひと口にSEといってもその仕事の内容は多岐にわたる。コンピューターメーカーには、一人あるいは数人で顧客に技術支援サービスを提供する、いわゆる「顧客担当SE」がいる。さらに、システム開発などのプロジェクトを行う「プロジェクト担当SE」がメーカー、ソフト会社はもちろん、顧客のシステム子会社などにいる。また、さまざまな顧客を担当する「システム・コンサルタント」も筆者はＳＥの範疇に入れて考えている。いずれのＳＥにとっても、その「任務」は不変である。

ＩＴを超えた力を持て

ＳＥの二つの任務を達成するには、ＩＴに強いだけでは不十分である。まずＳＥには、「ＩＴを超えた力」が必要になる。プロジェクト管理や顧客の業界知識はもちろん、資質・心構えなど人間的な側面も重要である。ＳＥとしてしっかりした考えを持ち、システム屋としてのセンスを備え、顧客の立場で物ごとを考えられる視野の広さが求められる。

さらに、表現力・説得力・交渉力といった対人関係の処理能力や、物ごとを最後までやり遂げる責任感・執念・闘争心も欠かせない。限られた人員で職務を遂行し、二つの任務をやり遂げるには、指示を待つ受け身の姿勢ではなく、自分から先手を打って、仕事をコントロールしていく力も必須である。

ところが、一般にＳＥはシステムや製品に関する技術を追いかけることには情熱を燃やすものの、対人関係やビジネスの力が弱い傾向がある。もっと言えば、こうしたＩＴ以外のことをＳＥは敬遠しがちである。ＳＥたるもの、もっともっと顧客の気持ちやビジネスに敏感になり、自分の仕事のやり方に思いを巡らし、対人関係の処理能力などの強化にエネルギーを傾注すべきである。

　もちろん、ＳＥである以上、ＩＴに強くなければ話にならない。難しいプロジェクトはＩＴに強くなければこなせないし、ＩＴに強ければ社内で顔も利く。若い時には特に知らないことが分かってくると自分が利口になったように感じる。逆に周りのＳＥが知っている技術を知らないと不安を感じる。ＳＥマネジャも「技術に強くなれ」としばしばいう。

　こうしたことから、多くのＳＥがテクニカルなスキルを追求したり、技術資格の取得に熱を入れている。だが、ＩＴに強くなることがＳＥの任務と錯覚してはならない。あくまでもＩＴに強くなることはＳＥの任務を遂行するための手段であって目的ではない。とりわけ若いＳＥは要注意である。どんなにＩＴに強くても、顧客からは、「プロのＳＥだから知っていて当然、知らないほうがおかしい」と思われるだけだ。それでは単なる「○○に詳しいＳＥ」の域を出ない。「顧客の満足」も「ビジネス目標の達成」も到底、得られない。

関連部門との関係作りも重要

「ＩＴを超えた力」を身に付けるとともに、ＳＥが忘れてはならないのは、日ごろから社内のＳＥ関連部門や協力会社のＳＥ、他のプロジェクトを担当しているＳＥなどと、いざとい

図●SEの任務とSEチームのパワーの関係

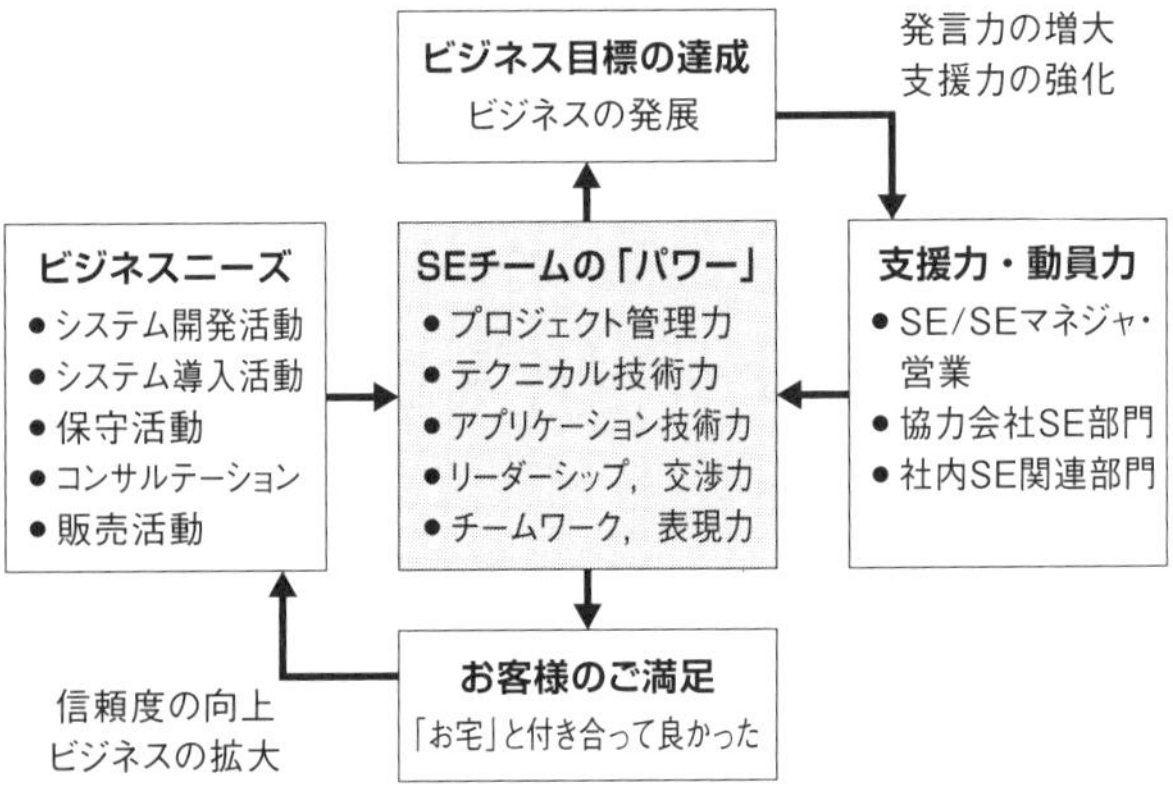

う時に支援を要請できる関係を築いておくことである。オープンシステム時代では、主要なソフト製品を提供しているベンダーとの関係作りも欠かせない。

自分の力で問題が解決できない時に、SEは頭を下げてでも社内の関連部門や協力会社を動かし、応援をもらわなければならないからである。自分で解決することよりも、顧客に迷惑をかけないほうが大切である。

社内の関連部門や協力会社との信頼関係は多大なメリットをもたらす。〝助け〟を頼んでも話が早い。少々無理を言っても動いてくれて、問題を早く解決できる。難しい質問なども気軽に聞け、顧客からの質問に素早く答えられる。ベテランSEにプロジェクトをレビューしてもらうことにより、問題点が分かりトラブルを防止できる。

もちろん、関連部門や協力会社とのリレーションはそう簡単には作れない。個々のＳＥに「ＩＴを超える力」と、「ＩＴそのもののスキル」があって初めて、協力してもらえるはずだ。

図にＳＥの任務とＳＥチームのパワー、個々のＳＥの力の関係を示す。ＳＥはシステム開発活動や販売活動、保守活動を行うがそのＳＥに力とスキルがあり、社内や協力会社と信頼関係があれば、顧客を担当するＳＥチームのパワーは強力なものになり、顧客に満足していただける仕事ができる。顧客から信頼されると、ビジネス目標も達成しやすくなる。ビジネスがうまくいけば、社内や協力会社からの支援もますます取り付けやすくなる。こうした良循環を起こすカギは第一線のＳＥが握っている。

鉄則2 ● ビジネス常識を持つＩＴの専門家を目指せ

ＳＥはビジネスの常識を持った情報技術（ＩＴ）の専門家たるべきである。顧客の身になって考えるビジネスパーソンとしての常識と、対人関係の処理能力や自己管理能力など人間的側面の力が欠かせない。

ＳＥは、「ビジネスパーソンとしての常識を持った情報技術の専門家」たるべきである。

そんなことは当たり前だとおっしゃる読者が多いと思われる。だが、現実には自分の専門とする分野のＩＴだけ知っていれば飯が食えると思っているのか、「顧客に挨拶もしないＳＥ」や「顧客に提出する資料もろくに作れないＳＥ」が少なからずいる。

例をいくつか挙げよう。どんなメーカーやソフトハウスにも必ずいるのが、顧客の質問に対して「それは私の専門ではないので分かりません」と言うＳＥである。顧客の中でもシステムに詳しい担当者からの難しい質問に対してならまだしも、顧客の管理職や一般のシステム担当者からの基本的な質問には、自分の専門外であっても必ず対応しなければならない。それが顧客に接するビジネスパーソンの常識である。

そのような基本的な質問に対して専門分野のＳＥにいちいち尋ねていたのでは、時間ばかりかかって顧客の仕事に支障を来たしかねない。そればかりか、ＩＴの相互の関連が分かり難い。これでは顧客はたまったものではない。プロのＳＥならば自分の専門外といえどもＩＴの基本分野のスキルぐらいは一通り持ちたいものである。仮に分からなければ調べて答えるべきである。

顧客と話す時に無神経に相手構わず横文字のＩＴ用語を並べ立てて話すＳＥも相変わらず多い。アプリケーション担当のＳＥはそうでもないが、システム技術系のＩＴを専門とするＳＥは、知らないのは顧客が悪いとばかりに、難しいＩＴ用語で話しがちである。顧客に対してそんな話し方をするＳＥの神経を疑いたくもなる。これではとても「信頼されるＳＥ」にはなれない。

もっと頭を使って話せないものかと思う。相手を見てＩＴ用語を使い分けるとか、アプリケーション用語も使う。あるいは、たとえ話を入れてみる。このように気を配ることも、これまたビジネスの常識である。

こうした常識をプロジェクトや顧客を担当するＳＥチームのリーダーはもちろん、すべてのＳＥが頭に入れて、日ごろから顧客の身になって行動することが重要である。というのは、日本の顧客は一般に非職種社会であり、ＩＴは本業ではない。したがって、ＩＴの専門家は育ち難くゼネラリスト型のＩＴ担当者や管理職が多いからである。

ＳＥに対するビジネスの常識をしっかり教育できていない企業では、ＩＴの専門知識を教える前に、ＳＥの心の改良がまず必要であろう。

人間的側面の能力が不可欠

すなわち、ＳＥには「ＳＥの基盤」とでも言うべき、「人間的側面の能力」が不可欠である。ビジネスの常識はその一つである。さらに、対人関係の処理能力、ＳＥとしての考え方、自己管理能力なども人間的側面の能力と言えるだろう。

SEとは「ビジネスパーソンとしての常識を持ったITの専門家」である。SEの基盤の上に、各SEはアプリケーション、ネットワーク、データベース、開発手法、プロジェクト管理など、どんな分野でもよいから一流の専門能力を持つことである。

ベテランのSEは「○○についてはあの人」と自他ともに認める第一人者を目指すべきだし、すでに強い分野を持っているアプリケーション系の中堅SEならシステム技術系を、逆にシステム技術系ならアプリケーション系の仕事をしたほうがよい。こうすることで相乗効果が起こり、さらに専門分野に強くなる。

若手SEであれば、将来一流のSEになるための基礎を作らなければならない。一つは若い時にシステムに強くなる基本を身に付けることである。「マシンを自分で使いマニュアルを読む」「分からないことは自分で調べる」。こうした習慣を付ける。プログラムを自分で書いて、システムの仕組みを体で知り、センスを養う。あるいは、プロジェクトの計画立案から開発、カットオーバーまでの一つのまとまった仕事をやる、などが重要である。

ちなみに筆者はかつて部下となった新入社員には、「酒を飲んで帰ってもどんなに疲れていても、寝る前には必ずマニュアルを1ページ読む」、これがSEが成長するための基本だと常に言ってきた。「寝る前に1ページ」は、筆者の「SE育成訓」の一つであった。

技術変化の激しいIT業界にあって、年齢に関係なく地道な努力を続けることはSEの宿命である。これなくして一流にはなり得ない。

SEは町医者である

信頼されるＳＥとは、医者にたとえれば、「専門知識を持つ町医者」となろうか。町医者には、どんな相談もできる。町医者は病歴も知ってくれているし、説明も分かりやすい。病気かどうかはちゃんと分かるし、一般的な処置もしてくれる。ある病気については専門的な処置までしてくれる。自分で手に負えない時は適切な専門医を紹介してくれる。

現在のＩＴ業界を見ると、専門医が急激に増えつつある。ＩＴ関連のハードやソフトだけ見ても、ほとんどのユーザーに数百種類の製品が導入されており、それにアプリケーションなどを加えると、とても一人や二人のＳＥで理解してサポートできる状況ではない。

したがって、現在のＳＥ体制の在り方は次のようになる。一人や二人のＳＥの力に頼る属人的なサポートのやり方ではなく、一人ひとりのＳＥが専門分野を持ち、分業して仕事をする組織的なやり方である。

つまり、「ＳＥの専門化・分業化」である。管理能力のあるＳＥがプロジェクトのリーダーや顧客担当のリーダーとなって、他のＳＥはネットワーク、ＵＮＩＸ、ＯＳ、インターネット、開発手法などの専門家となり、リーダーの指揮の下で、全ＳＥがチームワークよく分業

図● SEの基盤と専門分野の関係図

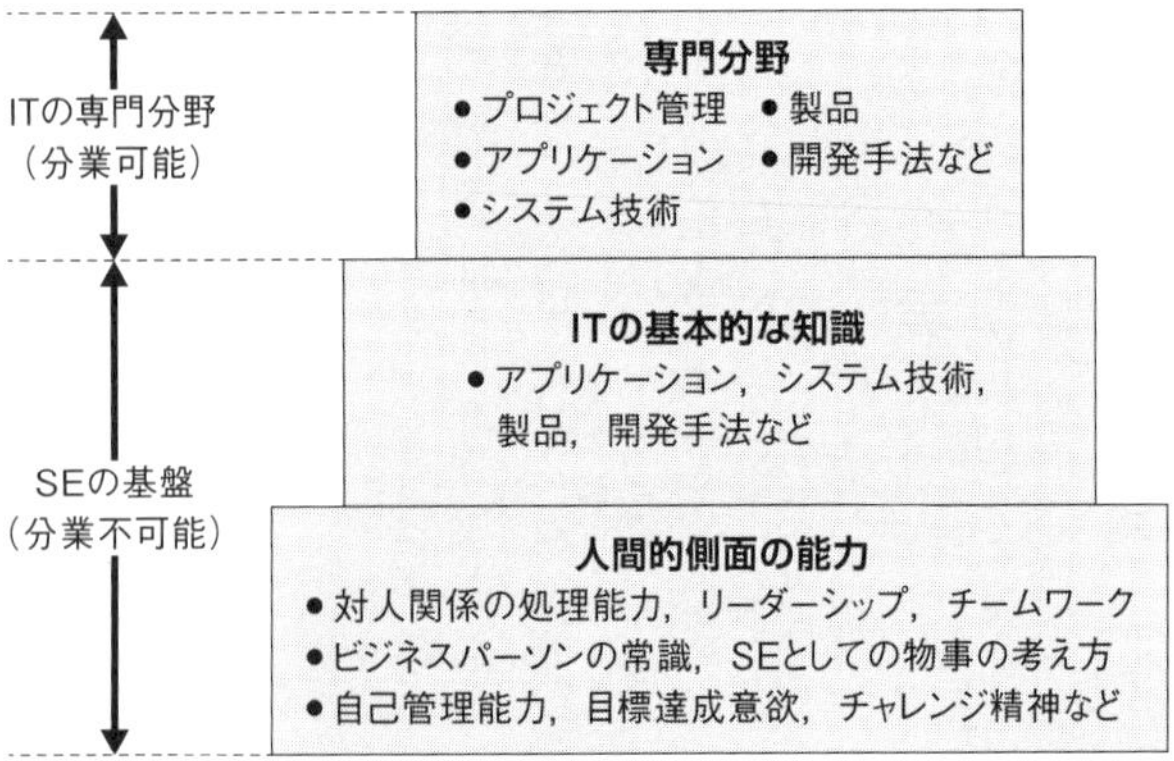

して仕事を進めることになる。それぞれ違った分野の一流のSEがきっちりと分業できて初めて、強いチームができ、顧客の満足とビジネス目標を達成できる。

しかし、専門家を意識しすぎて、SEの基盤である「人間的側面の能力」と「ITの基本的な知識」をないがしろにしてはならない。この二つの基盤はSEを名乗る全員が備えるべき、〝SEの心〟である。この能力を分業することはできない。SEが分業できるのは、あくまでもSE基盤の上に載るITの専門分野だけである（図）。

鉄則3● チームワークを重視、守備範囲は臨機応変

SEは仲間と共有できるしっかりした

表●チームワークの関係

	物の見方・考え方価値観	
チーム内のイニシアティブ	チーム内の各メンバーの物事に関する価値観がだいたいそろっているケース	チーム内の各メンバーの物事に関する価値観がわずかしかそろっていないケース
高位者がイニシアティブをとる場合	自発的・建設的な関係（A）	冷たい関係（B）
低位者がイニシアティブをとる場合	インフォーマルな協力関係（C）	バラバラの関係（D）

SEの価値観を持って初めて、チームワークをはぐくみ組織力を発揮することができる。さらに、自分の守備範囲を勝手に決めつけないで、チームのメンバーの状況を考えて守備範囲を柔軟に変更できなければならない。

SEの専門化・分業化時代であるにもかかわらず、「SEはITには強いが、チームワークは弱い」と指摘されることが今でも多い。そこで専門化・分業化を支えるカギである「SEのチームワーク」の考え方について述べる。

チームワークの良しあしはチームを形成するメンバーの価値観がそろっているかどうかで決まる、と筆者は考える。表はメンバーの価値観によってチームワークがどのようになるかをまとめたものである。

ここで価値観とは、「ＳＥはかくあるべし」、「顧客とは何か」、「優れたシステム開発とはどういうものか」など、ＳＥの仕事にまつわる物の見方・考え方を意味する。

チームのメンバーの価値観がだいたいそろっていて、しかもチーム内の高位者（先輩、ベテラン）が仕事をリードする場合は、「自発的・建設的な関係」を築ける（表のＡ）。

低位者（後輩、若手）が仕事をリードする場合でも、メンバーの価値観さえそろっていれば、インフォーマル（非公式）ではあるが協力関係が成り立つ。先輩が後輩の仕事を応援し、「後輩が苦労しているからおれも頑張ろう」といった類のチームワークである（表のＣ）。

ところが、高位者が仕事をリードしても、低位者（後輩、若手）と価値観がそろっていないと、「冷たい関係」しかできない（表のＢ）。すなわち、後輩が「不本意だが、先輩の指示だから仕方なく従う」という類の形式的な関係である。価値観がそろっていない上に、低位者がリードせざるを得ないケースは「バラバラの関係」であり、チームワークなどといえる代物ではない（表のＤ）。

つまり、価値観がそろっているＳＥが集まれば、素晴しいチームワークが生まれ、ＳＥはモラール（士気）高く仕事ができ、生産性も高い。いくら技術力のあるＳＥが集まっても中に斜に構えるＳＥなどがいてメンバーの価値観がバラバラでは組織力は発揮できない。また、メンバーの価値観がそろっていても、ビジネスの達成を顧客の満足より優先するといった間違った価値観であっては、これまた意味がない。

チームを引っ張るリーダー格のＳＥは、優秀な先輩を見習うとか、本を読んだり顧客や営業の話を謙虚に聞くなどして、だれが聞いても「なるほど」と思うしっかりした価値観を身に付けることが重要である。そしてチームの後輩や協力会社のＳＥにも、その価値観を教え、全員の価値観をそろえなければならない。

すると、そのチームはメンバー一人ひとりの力を結集でき、組織力を発揮できる。その結果、顧客の信頼を勝ち得ることになり、より大きなビジネスの成果を上げられるようになる。これがプロのＳＥ集団の姿である。

杓子定規に守備範囲を決めるな

ＳＥがチームで仕事をする時に特に注意すべきことは、「自分の仕事はここまで、ここから先は相手の仕事」などと杓子定規に自分の仕事の範囲を決めてはならない、と言う点である。

「それはリーダーの仕事、あれは基盤ソフト担当ＳＥの仕事、これは顧客の仕事、営業担当者の仕事」といった具合にＳＥはともすれば自分で勝手にチームの相手との間に「線」を引きたがる傾向がある。それでは組織力は発揮できない。

元来、チームで行う仕事はここまでが自分の仕事でここから先は相手の仕事、ときれいに線が引けない性質を持っている。無理に線を引くことは、野球で三塁手が「俺の守備範囲は三塁ベースから○○メートルまで、そこから先は知らない」と宣言するようなものである。それでは三遊間にヒットをどんどん打たれてしまう。それではまずい。

だが、現実には本来自分が捕るべき球を相手のSEが守備範囲を広げて拾ってくれても「自分には関係ない」と知らん顔で礼も言えないSEが存在する。お互い自分の守備位置から動こうともしないSEばかりというケースもある。そんなSEが多いとプロジェクトは間違いなくトラブルに見舞われる。そして「できるSE」にばかりしわ寄せが行き、チーム力がますます衰えることになる。

こうした事態を避けるために、分業化時代のSEは自分の守備範囲を勝手に決めつけないで、チームのメンバーの状況を考えて臨機応変に守備範囲を変更できなければならない。つまり「サッカー型」である。すると、自ずと相手の仕事内容も分かり、相手が困った時やピンチの時に支援ができる。忙しい時や病気の時などにもバックアップすることができ、その結果、お互いが信頼し合い助け合って仕事ができる強いチームワークのSE集団が生まれる。

SEは自分の知識や能力の有無が明確に証明される仕事をしているせいか、物事をはっきりさせないと気がすまない性格の人が多い。しかし、チームワークは人間が相手である以上、柔軟な思考や臨機応変さが必要である。

営業や顧客とのチームワークも同じ

また、SEの中には「営業担当者とのチームワークが難しい」、「顧客とうまく付き合えない」と悩んでいる人が多い。営業や顧客に対して被害者意識を持っているSEすらいる。営業や顧客との関係についても、これまで述べたこととなんら変わりはない。SEと営業担当者、あるいはSEと顧客との間で価値観がそろっていれば息のあったチームワークができる。

SEが営業や顧客とチームワークを組むために乗り越えなければならない壁が一つある。

第1に、相手の仕事を知ることである。

これが分からなければ、彼らの仕事について的を射た会話もできないし本音も言ってもらえない。また、相手がどんな時に悩み、困っているのかも分からない。相手の本当の考えや価値観が分からないし、先手を打って支援することもできない。結果として、そのSEは営業や顧客の言われた通りに動くか、抵抗するしか手がなくなる。これではとてもチームワークどころではない。

第2に、相手の最も重要な仕事に貢献することである。営業であれば「売ること」、顧客であれば、「計画通りのカットオーバーと安定稼働」になろう。これらの仕事を、相手の仕事の領域に踏み込んででも、徹底して支援する。すると営業や顧客に自分の存在価値を訴えることができる。

この二つの壁を乗り越えて初めて、彼らとの間にチームワークが生まれるベースができる。要は、相手の中に飛び込んで相手の仕事を知り、相手の立場で物を考えて行動することである。

鉄則4●しっかりした価値観を持て

第一線のSEはしっかりした考え方・価値観を持たなければならない。SEは若い時にさまざまな経験をして、SEの在り方、顧客やビジネスに対する姿勢、システム開発・導入のやり方などについて、正しい考え方・価値観を身に付けるべきである。

SEは仕事にかかわる物事について、「しっかりした考え方・価値観」を持たなければならない。顧客から、「あのSEは頼りになる」と言われるSEは全員、こうした価値観を身に付けている。「考え方・価値観」の重要性は、SEの専門化・分業化が進んだ今日でも、まったく変わらない。

筆者はこれまで数多くの顧客やSEと一緒に仕事をしてきた。長年、顧客から評価されるSEの共通点は何であろうかと考えてきたが、結論はこの「価値観」だった。もちろん彼らは、技術力についても顧客以上のスキルとセンスを備えていた。だが、これはプロのSEである以上当然であろう。

顧客から「しっかりしている」と頼りにされるSEは、若い時から「本物の考え方・価値観」を常に追求し、「会社や顧客にとってSEの価値は何か」、「SEの任務は何か」、「正しいシステム開発とは」、「SEの販売活動とはどうあるべきか」、「顧客とは何か」、といった数多くの仕事上の基本的な事項について、自分の考え方を持っている。

日ごろのSE活動の中で常に問題意識を持って考え、時には悩んだり試行錯誤をしながら、彼らは価値観を築いてきた。そして、その後の経験によって、その考え方を点検し、充実させている。

こうしたしっかりした考え方・価値観を身に付けられるかどうかは、そのSEの気持ちの問題である。決して仕事量の問題でも、ITスキルの問題でもない。一人ひとりが自分で挑戦するしかない。

物事の考え方とか価値観とか言うと、読者の中には、「SEはITに強ければ、それでいいはずだ、俺には縁のない話」と思う方もおられるかもしれない。だが、それは間違っている。顧客から信頼され、SEの任務をきっちり果たすには、ビジネスパーソンとしての心構え、SEとしての心構えという「土台」がしっかりしていることが絶対条件である。心構えの基本が価値観である。

この土台がしっかりしているSEは、顧客が満足する仕事をするし、自らも努力して顧客に失礼のないスキルを身に付けるものである。これに対し、土台にひびが入っていたり傾いていたのではだめだ。SEの仕事の相手はコンピューターと人間である。コンピューターにどれほど強くても、土台がぜい弱では顧客から信頼される仕事はできない。

若い時の経験がカギ

その土台を築くカギは若い時の経験である。ここで注意すべき点が二つある。第1に、若いSEは仕事を始める時にやり方が適切かどうか上司や先輩のレビューを受けること。そして仕事が終わったら、その仕事のやり方が適切だったのかどうかを必ず反省すること。反省する時には自分だけで判断するのではなく、先輩や上司の感想も聞いたほうが良い。とりわけ初体験の仕事の時が重要である。

仮に、不幸にして仕事で何か失敗をした場合は、今後のための反省材料にすればよい。成功はしたものの、そのやり方に間違った点があった場合が問題である。ここで反省作業を怠ると、間違ったやり方が正しいと思い込んでしまう。すなわち、間違った成功体験が身に付く。若い時に偽物をつかむと、そのSEの成長は止まる。

例えば、システムの開発で初めて、結合テストやシステムテストを実施したとする。きちっとしたテストシナリオも作らずに、適当なデータを用意し、いいかげんなシステム環境でテストしても、実際のカットオーバーがうまくいったりすると、「素晴らしいテストができた。あれが正しいやり方だ」と誤った自信が付き、〝自分の教科書〟を作ってしまう。こうしたSEはその後も、自分の教科書通りに仕事をしてしまい、そのうちカットオーバーの遅延といった大問題を引き起こす。

注意点の第2は、若い時に多種多様な仕事をしてみることである。SEがIT以外の管理能力や交渉力などを身に付けるには、頭が柔軟な若い時に性質の違ういろいろな仕事をしたほうが良い。筆者がコンピューターメーカーにいた時に人事部門で「仕事のできるSE課長の特性」を分析したことがあった。その結果、優秀と言われたSE課長の共通点はただ一つ、実にいろいろな顧客やシステムをSE時代に経験していたことだった。

さまざまな顧客を知って初めて、顧客の本質がつかめるし、時には販売活動を経験してみて、営業の仕事の輪郭がはっきり分かる。中小企業の顧客を担当して初めて、大企業のシステムとは違う難しさを会得できる。

若い時に自分で仕事を選ぼうとしたり、地方勤務を嫌がるSEがいるが、せっかくのチャンスを逃すことになる。失敗を恐れずに未知の領域へ挑戦できるのが、若者の特権である。

仮に嫌な仕事であっても問題意識を持って行うと、その仕事でしか得られない物事の新しい見方・考え方を発見でき、自分の価値観の形成に必ずプラスになる。好きな仕事や自信のある仕事だけを担当していくような、偏った経験では決して普遍的な考え方を体得することはできない。

普遍的な価値観を身に付けよ

第一線で働くSEの仕事の取り組み方は、そのSEの持っている「SE、顧客、営業、ビジネスに対する考え方」によって大きく左右される。SE一人ひとりはこの4点についてしっかりした考え方・価値観を持たなければならない。

SEだけの世界とか、限られた顧客を担当した経験といった狭い範囲で考えた価値観はどうしても、「独りよがり」、「SEよがり」になりがちだ。そうではなく、顧客や営業担当者など周りの人からも賛同される考え方・価値観でなければならない。すなわち、物事の原理・原則に基づく本質的な考え方である必要がある。これができるか否かで、信頼されるSEにもなれば、「営業もどきのＳＥ」、「言われたことしかしないＳＥ」、「理屈っぽいＳＥ」にもなる。

ＳＥは上司や先輩から考え方を聞くことも大切だが、顧客や営業とも積極的に話をして、彼らがＳＥに期待していることは何か、ＳＥをどのように見ているのか、といったことも聞く必要がある。筆者の経験から言うと、顧客や営業は喜んで教えてくれる。

「ＳＥの考え方・価値観」について、かなりしつこく述べてきた。その理由を説明したい。ＳＥはその人が持っている考え方・価値観によって、物事を判断し行動する。例えば、ＩＴがすべてと考えるＳＥはＩＴだけを追求する。ＩＴは当然だがそれだけでは不十分と考えるＳＥは、ＩＴ以外の交渉力など対人関係の能力も勉強する。トラブルで顧客が困っている時に、社内で駆けずり回り、関係部門を動かしてでも解決するＳＥがいるかと思えば、ただ真面目に自分の力だけでなんとかしようと頑張るＳＥもいる。

どちらの行動をとるかは、そのＳＥの「物の考え方、価値観」による。そしてそれが自ずと顧客の満足やビジネス目標の達成度、ＳＥの成長度に影響する。価値観がしっかりしているＳＥは、リーダーシップを発揮して周りのＳＥや営業担当者を引っ張り、自発的・建設的なチームワーク作りにも努力する。すると、チームの仕事がうまくいき、各ＳＥも効率よく働ける。

鉄則5●迷った時の判断基準は顧客が51、会社が49

第一線で仕事をしているSEは、「顧客を思う心」と「自分の会社を思う心」の葛藤が起こり、しばしば悩む。そうした時は、「顧客が51、会社や自分が49」という基準で判断し、行動すべきである。

「顧客」について筆者が特に重要視してきた考え方を数回にわたって説明する。これらの考え方は筆者が数多くの顧客を担当し、怒られたり喜ばれたり、時には喧嘩をした経験からつかんだものである。顧客の企業規模の大小にかかわらず、多くの顧客に通用する普遍的な考え方であると確信している。

ＳＥの仕事は「顧客との戦い」であり、同時に「ＩＴとの戦い」であると思う。この二つをいかに克服するかでリーダーシップのあるＳＥにもなるし、言われたことをするだけの受身的なＳＥにもなる。また、ＳＥ人生が面白くもなるし、苦痛にもなる。当然、ビジネス目標の達成や顧客の満足にも大きく影響する。

ＩＴとの戦いについては一人ひとりのＳＥが好奇心と探求心をもって頑張るしかない。

一方、顧客との戦いもこれまた難物である。相手は人間でありコンピューターのように単純ではない。何回も強調したように、顧客と戦うために、一人ひとりのＳＥにビジネスの常識や人間関係を処理する能力が要求される。さらに、顧客に関するしっかりした考え方も持たなければならない。

ここでキーになるのが、「顧客が51、自分の会社が49」という考え方である。ＳＥは第一線で仕事をしていると、顧客と自分の社内の意見が食い違う場面にしばしば遭遇する。ここで心の葛藤が起こり、自分のとるべき行動に悩む。

「システム開発が遅れて納期通りの本稼働が危ないにもかかわらず、会社からはＳＥを増強できないと言われた」。

「製品のトラブルで顧客がたいへん困っている。だが、製品の開発部門は待ってくれと言うばかりだ」。

「今期の売り上げ達成が厳しいため、無理なシステム開発でもいいから売り込みたいと営業が言ってきた」。

「顧客からとても受けられないような無理難題を言われた」。

「困っている顧客を助けたいが、抱えている仕事が多く時間がとれない」。

迷った時は顧客を重視

読者のＳＥの方々は思い当たるところがきっとあるだろう。顧客と会社、あるいは自分の心との〝板挟み〟になり、顧客に迷惑をかけたくない気持ちと会社や自分をかばう心に揺さぶられる。顧客をとるか会社あるいは自分をとるか、最後まで悩む。

とことん迷った時は、「51：49」、すなわち「顧客が51、会社が49」という基準で判断したほうが良い。「80：20」でもないし、「60：40」でもない。もちろん、「20：80」でもない。あくまでも「51：49」である。ここが重要である。

すなわち、顧客あるいは会社のどちらか一方だけを考えて判断するのではなく、顧客と会社の両方のことをぎりぎりのところまで考え抜いて行動する。そして、最後は顧客の立場で判断する。決してこの逆ではない。

ＳＥの中には顧客が大切と考えるあまり社内を軽視する、「顧客が90、会社が10」のタイプもいる。この「90：10」タイプのＳＥは顧客一辺倒であり、ある面では立派だが、往々にして人手をかけ過ぎて会社の生産性を下げ、社内や周りのＳＥに迷惑をかける。その上、社内を軽視し過ぎるから、社内における信頼度や発言力も下がり、顧客が本当に困っている時に社内を動かせなくなる。結局は顧客に迷惑をかける。

読者のＳＥの中には、「顧客と会社の両方が重要であることは分かる。だが、社員である以上、ぎりぎりのところは、顧客が49、会社が51ではないのか」と疑問を持つ方もおられると思う。しかし、そうではない。

医者や弁護士を考えてほしい。医者は金もうけよりも患者のことを考える。弁護士は依頼人のために働く。つまり、顧客が持っていない専門的なノウハウを基に仕事をする職業の人は、「顧客が51、会社や自分が49」で行うのが正しい。

なぜなら、専門的なノウハウを持つがゆえに、もしノウハウを悪用すれば相手をだませ、なんでもできてしまうからである。例えば、病気でもないのに医者から病気だと言われ手術されたらたまったものではない。

ＩＴとかシステムという、専門家でないと分かり難いもののノウハウで飯を食っているＳＥもまったく同じである。自分の設計ミスで応答時間が悪いシステムを作ってしまったとする。ここで、顧客がＩＴに弱いからといって、ハードを増強してトラブルを解決するようなことをＳＥはしてよいのだろうか。

技術屋としての倫理観を持て

したがって、ＳＥには技術屋としての「倫理観」が絶対に必要である。それが「顧客が51、会社が49」の心である。最後は顧客側に立つという考え方で仕事を続けていくと、顧客と心のコミュニケーションができ、顧客から評価される。その結果、自分の会社も発展するはずである。

かつて「51：49」の考え方を部下や後輩に説明した際に、多くのSEから「目から鱗が落ちた」とか「これで自信が持てた」と言われ、非常に好評だった記憶がある。きっと彼らの顧客に対する考え方の心の拠り所になったからだと思う。

もっとも、人間は弱く、易きにつきやすい。したがって、SEは定期的に自分の行動を点検し、まずいと思ったら、顧客にかかわる事柄は安易に判断せず、ぎりぎりの所まで自分を追い込んでから、最後の「1％」の判断をするように日ごろから心がけてほしい。

日ごろの活動に生かしてもらえるように、身近な例をいくつか挙げておく。

SEの中には顧客との打ち合わせのために、社内の会議などをよく欠席するものがいる。そのSEは顧客に「社内の会議があるので、打ち合わせの日時を変更していただけないか」と頼んでいるのであろうか。このくらいの交渉もしないで社内の会議を欠席するSEは、「90：10」か「100対0」である。

システム開発プロジェクトで、契約した範囲だけが自分の仕事、ほかは顧客の仕事と極端に割り切るSEがいる。こうしたSEは顧客の仕事には普段目もくれないくせに、本稼働に影響する遅れがあることが分かると顧客に文句を言う。これは会社中心・顧客軽視の「10：

90」である。

プロジェクト全体を視野に入れ、顧客の仕事にまで気を配りながら、自分が請け負った仕事をきっちりこなし、予定通りにカットオーバーして初めて、「51：49」と言える。

「51：49」は直接顧客が登場しない場面でも有効である。トラブルが起こったり、製品がマニュアル通りに動かない時、SEは再現テストや原因究明を行って解決策を講じる。SEはこのような活動を通じてシステムに強くなる。技術者である以上、自分の力で問題を解決したいという欲求、解決できないと自分の恥と思う気持ちを持っている。

そうは言っても、自分の力不足で解決に時間がかかり、顧客に迷惑をかけたのでは意味がない。自分一人で対処すると解決にかなりの時間がかかりそうなトラブルの場合は、解決したいという欲求を殺し、その場は恥をかいてでも顧客のためにその問題に強いSEの応援を頼むべきである。こうしたことができるSEは「51：49」である。

鉄則6●顧客の「社員」ではなく「企業」を支援せよ

SEは「企業」を支援するために活動している。顧客のシステム担当者や課長のために仕事をしているわけではない。顧客の担当者と意見が衝突した時には、SEはプロ

として主張すべきことは主張し、顧客企業にとってより良い答えを出すべきだ。

筆者がSE課長をしていた時のことである。部下のSEが「お客様から○○にして欲しいと言われましたから、今後は○○のようにします」と報告してきた。「お客様のだれが言われたのか」と尋ねると、「△△さんです」と答えた。「それは△△さん個人の考えか、◇◇会社の考えか」と重ねて聞いたところ、このSEは黙ってしまった。

若いSEの方には、禅問答のような会話に聞こえるかもしれない。だが、ここが重要なところである。我々は日ごろ、無意識に「お客様がこう言われた」とか「お客様を支援する」などと言っている。しかし、ここで言う「お客様」とはだれであろうか。

顧客といっても人によって意見は皆違う。顧客と一緒に会議を開いて、ある問題を討議すると、同じ顧客でもAさんは白と言い、Bさんは赤と言われ、利用部門のC課長は黄色と言う。どの意見が「お客様」の意見なのか。AさんかBさんか、それともC課長なのか。第一線のSEは時にはこの問題を徹底的に考えてみたほうが良い。そうすることで仕事のやり方や心構えが変わってくるからである。

筆者はSE課長時代に、部下のSEたちに次のように指導していた。「顧客とは企業のことである。我々SEは、企業としての顧客を支援している。顧客の担当者や課長を支援しているわけではない。ＳＥはこの原則に従って仕事をすべきである。顧客の意見もこの原則にてらして聞く。これが顧客の情報システムに責任を持つ、ＳＥの正しい態度である」。

ＳＥは顧客とさまざまな打ち合わせや交渉をする。プロジェクトのやり方、テストのやり方、システムの選択などである。この時、「顧客企業にとっては何がベストか。利用部門や情報システム部のためには何がベストか。顧客の担当者にとってはどうか」と常に分けて考えなければならない。

顧客の意見も、企業の意見か、担当者個人の意見かをよく考えて聞く。顧客との打ち合わせなどで、疑問に思ったり自分と意見が違ったりした時には、「わたしはこう思います」と自分の考えをはっきり主張すべきである。

特に若いＳＥは、顧客の担当者の意見が顧客企業の意見であると錯覚しやすい。繰り返すが、顧客の担当者の意見でも、それが顧客の企業にとってベストではないと思ったら、単純に「イエス」と言ってはならない。

確かに顧客は自分の会社の業務やアプリケーションについては詳しいかもしれない。だが、プロではない。ＳＥはＩＴのプロであり、数多くの企業における情報システムの成功と失敗事例を知っている。ＳＥはこの経験を顧客に伝えないようでは、顧客にとっても不利益である。

ＳＥと顧客は、「企業に役立つシステムを作る」という共通の目的がある。このために、ＳＥと顧客の担当者との意見が異なれば、お互いの意見を出し合って真剣に討議したほうが、顧客企業にとってより良い答えが見つかるはずである。ここにこそ顧客にとってのＳＥの価値がある。ＳＥは「自分は顧客企業のために仕事をしている」と言う気概と誇りと見識、それに値する力を持つべきである。

勇気を持って主張する

とはいえ、気心が分かった親しい相手ならともかく、初めてお付き合いする顧客や、その責任者などには、なかなか自分の意見をストレートに言うことは難しい。「指摘しにくいし、気分を悪くされたらマイナスになるのでは」とか、「もし自分のほうが間違っていたらどうしよう」と考えると腰が引けてしまう。

だが、それは「顧客が51、自分の会社が49」という基本に反する。顧客に遠慮するＳＥは「顧客が70、自分の会社が30」くらいだろうか。もちろん、問題を指摘しても相手に失礼がないような口のきき方や礼儀を身に付けておくべきだし、相手が〝一理あるな〟と思うくらいの見識と理論武装は必要である。

顧客も人間であり、自分の考えに不安もある。だれかに相談したくても周りの人や部下に聞けない時もある。そんな時に、ＳＥが打算を持たず、プロの誇りと顧客企業のために情熱を持って専門家の意見をぶつければ、顧客の担当者や管理職は喜ぶものである。

そもそもＩＴの世界では、純粋な技術面を除けば、これが絶対だという解がない事柄が多い。プロジェクトのやり方、製品の選び方などは考え方一つでどのようにでも変わる。にもかかわらず、万一選択を誤ると、時間と費用で相当な損失を被る。こうした危険を最小限に抑えるには、経験が豊富でしかも一定レベル以上の力を持った人間同士で建設的に討議するしかない。

とにかく、「相手は顧客、俺は業者にすぎない」という考え方は禁物である。顧客もそんな態度を期待していない。次に日ごろのＳＥ活動で心すべき点についていくつか述べる。

顧客企業の情報システム部門には、ＩＴのことしか考えない担当者や、自分の部門のことしか考えられない人がいる。こうした人としばしば意見が合わなくて困ったとする。そんな時は、ＩＴとかシステム部門とか、相手の土俵で議論しないこと。例えば、顧客はなぜコンピューターを使っているのか。このプロジェクトの経営上の狙いは何か。企業にとって素晴らしい情報システムとは何か、その時のＩＴの位置づけは、などと企業の情報化の原理原則にそった会話をすることである。

顧客の中には、すぐ格好をつけたり、ＳＥを業者扱いして、なかなかＳＥの意見を聞いてくれない人もいる。そんな時には怒らず、自分の心に打算があり、相手に訴える情熱が足りなかったのだと謙虚に考えたほうが良い。すると、改めてその担当者と〝闘う〟勇気と知恵がわくものである。酒の場などを利用して、顧客の担当者に「わたしは御社のために働いているのであって、御社の担当者個人のために働いているわけではない」と、それとなく言っておく。すると顧客の担当者がSEを見る目が変わってくる。SE自身にもプレッシャーがかかり、困難に直面した時でも頑張れる。

意見を言わないと信用されない

そうはいっても、おとなしいSEや若いSEの場合、顧客がよほど無茶なことを言わない限り、現実にはイエスマンが多い。だが、勇気を持って相手と違う意見や反対意見を言ったほうがかえって信頼を得られる。顧客はSEにイエスではなく、意見を求めている。

デパートにネクタイを買いに行き、店員に似合うかどうか見てもらったとしよう。店員は「よく似合いますよ」と答える。別のネクタイを見つけ、また同じ店員に見てもらったとする。すると「これも似合いますよ」と言う返事。これではその店員を信用しなくなる。逆に「これは似合いません、先程のほうが良いです」と言われると、思わず一発で買ってしまったりする。人間とはこんなものである。

顧客の意見が「白」であって、自分もそう思っても、あえて「別の視点で見ればこういう考えもあります」と前置きして、「黒」とか「青」の意見を言うくらいの戦略性がＳＥにはあっても良い。そして顧客と討議の結果、答えがやはり「白」と決まれば、自分たちの考えの確かさが確認できる。また、討議しているうちに、顧客も自分も勘違いに気づき、より適切な答えが「灰色」だったことが分かり、お互い助かることもある。

鉄則7●ビジネス意識を持ち営業部門と協業せよ

ＳＥは常にビジネスを意識し、システム開発や導入の仕事をこなすとともに、営業部門の販売活動に協力する必要がある。そのために自身の意識を変え、営業の仕事の理解に努めるべきである。すると営業とともに、第一線の〝車の両輪〟になれる。

筆者は、「ＳＥは日ごろから、もっともっとビジネス意識を持って仕事をすべきだ」と考えている。ビジネス意識やビジネスマインドを持つとは、自社のビジネス目標の達成やビジネスの成長に敏感になることである。

筆者は、ＳＥの任務を「ビジネス目標達成と顧客の満足」と定義した。ビジネス意識がないSEは、任務の半分しかこなせていないことになる。技術屋といえども、第一線で働く以上、ビジネスに対して傍観者的な態度をとることは厳禁である。

ところが、ビジネスの目標達成は営業部門の仕事でSEは関係ないと心得違いしているのか、システム開発や導入作業で手一杯で心の余裕がないからか、自社や自部門の売り上げ・利益目標、毎月の達成率といった基本的なビジネスの数字を知らないSEが結構いる。その上、お客様に挨拶もできない無神経な態度のSEもいる。売ることは罪悪と錯覚しているSEさえいる。

こういうSEがいるから、営業部門から「SEはビジネスマインドがない」と酷評され、SE部門は「営業がとってきた仕事をこなすためだけのマンパワー」として社内で格下に扱われたりする。

SEと営業は車の両輪

営業とSEは本来、対等であり、車の両輪である。両者は切磋琢磨し二人三脚で活動しなければならない。

会社にとって、第一線部隊の仕事は、「販売活動」と「システム開発・導入・保守活動」がすべてである。これはコンピューターのハードを扱わずソフト開発だけを手掛ける会社であっても、また大手メーカーの傘下に位置し売り上げの大半はメーカー経由という会社であっても同じである。

販売活動は営業の仕事、開発・導入・保守がSEなど技術者の仕事と考えている方がいらっしゃったら、それは間違いである。確かに、販売活動の主役は営業、システム開発の主役はSEである。しかし、主役だけで芝居はできない。営業がシステム開発の仕事を助け、SEが販売活動に協力して、初めてうまくいく。

そうでないと会社も困るが、顧客はもっと困る。特に販売活動を営業だけで進めてしまうと、営業担当者に技術力が不足していたら、顧客に〝技術保証〟のないシステムを売りかねない。そんな不良品を買わされては、顧客はたまったものではない。これは「顧客が51、会社が49」の原則に反する。

顧客のシステムに責任を持つ以上、SEはシステム開発や導入だけでなく、ITスキルを生かして顧客の問題解決に役立つ提案活動もすべきである。すると、販売活動を技術面で引っ張ることができ、社内の発言力も増し、プロジェクトなどで困った時に営業や関連部門などから助けてもらえるようになる。そして顧客へより良いサービスができ、信頼されるという良循環を起こせる。

SEはもっとビジネスに敏感になり、販売活動にも強くなり、単なる〝開発・導入屋〟を脱すべきである。システム開発や導入にだけ専念していては、なかなか社内の発言力は持てない。

ただし、注意すべきことがある。販売活動に協力するといっても、ＳＥは「金や納期など契約ごとにかかわる交渉」だけは顧客と絶対にしてはならない。これは販売活動の主役の仕事である。ＳＥが下手なことをすると、営業の首を飛ばしかねない。顧客もＳＥにそんな仕事を期待していない。

だが、営業と良いチームワークを組んで活動できるＳＥはそう多くはいない。それはＳＥが自分から営業のほうへ近寄って販売活動を支援しないからである。ＳＥが自分から動くべきである。すると、営業も近づいて来てお互いが分かり合え、顧客に出すシステム提案について、知恵を出し合える。トラブルが起こった時の顧客や社内との交渉もうまくこなせるようになる。

それにはまず、ＳＥは妙な被害者意識を捨てなければならない。ＳＥの中には、「営業が無理をして変なシステムを売ってきたから、我々が後始末で苦労する」、「営業はスキルがないものだから、提案書作りをＳＥにやらせる」、などと文句を言って、自己満足に浸っているものがいる。時にはＳＥマネジャでさえこういう発言をする。

これは、営業に対する被害妄想である。だがＳＥの気持ちも分からないではない。事実、

表●営業とSEの比較表

比較項目	営業	SE
顧客に対する基本的立場	会社の代表	SEのリーダーはシステムの責任者，メンバーは各担当分野の責任者
会社から見た価値	サービス，ハード，ソフトを売り，金を回収する人	サービスを提供して稼ぐ人
第一義の活動	販売活動	システム開発・導入活動
仕事で執念を燃やすこと	契約をとる	トラブルなしのカットオーバー
顧客の見方	往々にして敵対視される	仲間と見られる
仕事上の思考の仕方	論理と非論理の世界	論理の世界
顧客・社内からしかられる時	営業以外のSEや保守技術者，業務部門のミスでもしかられる	SE自身が失敗した時にだけしかられる
仕事の評価	売り上げ・利益など数字がすべて	数字では計れない
評価の厳しさ	数字がすべて，理屈なし	仕事の環境などいろいろと理屈が言える
首が飛ぶ時（顧客のクレームは除く）	売り上げ・利益が何回か未達成だった時，大きな顧客を競合他社に取られた時	「大丈夫」と公言してカットオーバーしながら，予期せぬ大トラブルを起こした時

自分の成績しか頭にない、ひどい営業もいる。しかし、変なシステムを買わされた顧客はどうなるのか。もし、営業がＳＥに相談もしないで変なシステムを売ってきたら、ＳＥはその営業に「あなたはシステムが分かるのだからシステム導入はあなたがやったら」と言えばよい。それが言えないようではプロのＳＥとはいえない。それが顧客のシステムに責任を持つＳＥの在り方である。

また、提案書作りはＳＥが自分の持っている付加価値を発揮でき、かなり会社に貢献できる仕事である。ベテランのＳＥなら、若手の営業担当者を指導などして提案書を書かせるくらいの実力がほしい。

ＳＥが営業と協力するために、参考になればと、筆者の独断と偏見で「営業とＳＥの比較表」を作ってみた。営業とＳＥの違いが分かっているＳＥは意外と少ないが、この違いを理解することが営業に歩みよる第一歩である。比較表の各項目は分かりやすくするために極端に表現しているところもある。会社によって事情は異なるだろうから、勘案して見ていただきたい。

営業は注文をとることがすべてである。売れなかったり、ライバルに商談で負ければ、首が飛ぶ。売り込みの時は、売った後でシステムの開発・導入ができるかどうかは考えても、ＳＥのことまで考えている余裕はない。売れなければ、会社の経営が成り立たず、ＳＥはシステム開発で腕をふるうこともできない。

しかも営業は、馬鹿なＳＥがトラブルを起こしたり、業務部門が請求書を間違えたりしても、顧客に飛んでいって頭を下げなければならない。

もちろん、ＳＥの仕事も厳しい。開発プロジェクトでは文字通り、命を削る思いもする。変化が激しいＩＴについていく勉強も大変だ。決して楽な稼業ではない。だが、よく考えてみると、ＳＥは自分のミス以外のことで頭を下げる必要はない。

カットオーバーが危なくなっても、事前に救援要請を出せば周りが助けてくれる。少々の失敗では首は飛ばない。その上、顧客の担当者はＳＥは仲間と見なしてくれるが、営業は敵視されることが多い。こう比べてみると、営業の仕事の厳しさや責任の重さが分かるだろう。

鉄則8 ● 政治的能力を持て、ＩＴだけでは不十分

第一線のＳＥは技術力と管理能力に加え、「政治的能力（ポリティカル・スキル）」を持つ必要がある。プロジェクトマネジャやリーダーを務めるには、対人関係をさばく交渉力やかけひきなどの政治的能力が不可欠である。

図● SEに要求される三つの能力

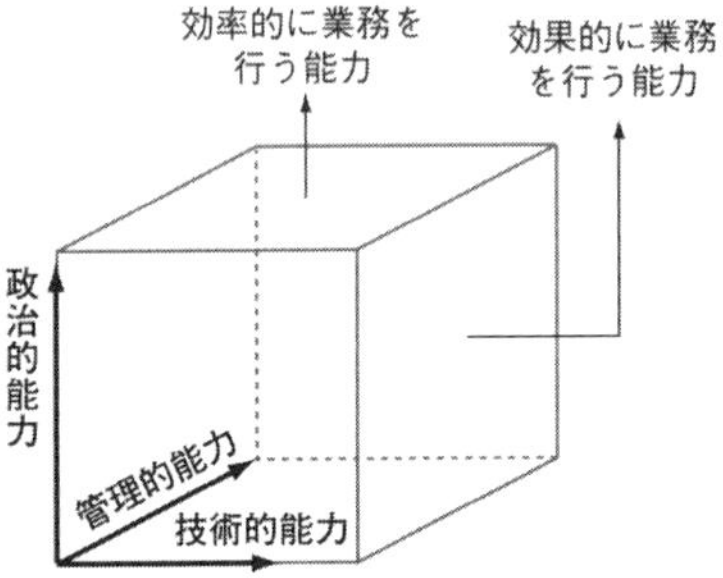

かつて筆者はSEの持つべき能力について悩んでいた時に、一つの記事にぶつかった。米IBMのポール・メリカ氏が話した内容をまとめた記事だったが、日本と米国の違いはあっても非常に参考になった。以下では、その記事を基に、筆者の考えを加味して説明したい。

SEが職務をまっとうするには、大きく「三つの能力」が必要となる（図）。第1は当然、技術力である。ITに関する専門的な能力と合理的に問題を解決する能力を指す。第2に、仕事を管理する能力が求められる。自分や他のSEがした仕事やプロジェクトの進み具合などを上長や顧客に報告したり、資料を作って配布する、あるいはプレゼンテーションをする力などである。仕事を所定の時間内に所定の品質に仕上げる能力も含む。

これまで技術的な仕事しかしてこなかったSEは、資料の作成や報告などの異質な仕事が加わると、往々にして苦労する。異質な二つの仕事を並行していかに効率よく行うかという「タイムマネジメントの力」が新たに必要となるからだ。

SEは技術力と管理能力を高めると、純粋に技術的な仕事については効率的にこなせるようになる。しかし、開発プロジェクトなど多くの人がかかわる仕事はこなせない。プロジェクトなどを「効果的」にこなすには、技術力と管理能力だけでは足りない。

そこで第3の能力として、「政治的能力（ポリティカル・スキル）」が必要になる。政治的能力とはひと口で言えば対人関係やチーム・スピリット、かけひきなどに関する人間関係の技術である。具体的には、自分の考えを相手に売り込む、集団をうまくまとめる、人・物・金に関する折衝をこなす、時代やビジネス動向など目に見えない動きを把握し表現する、といった事柄に関する〝技術〟である。

この政治的能力はプロジェクトマネジャやSEリーダーにとって不可欠である。開発プロジェクトを考えてみる。政治力のあるプロジェクトマネジャはそのプロジェクトの重要性や難しさ、必要なスキルなどを上司や顧客の管理職にうまく訴えて、交渉する。その結果、自分が納得できるプロジェクト体制を整えてから、プロジェクトに臨む。

逆に、政治的能力がないプロジェクトマネジャは、不安があっても上司のあてがいぶちの体制で開発にあたらざるを得なくなる。これではプロジェクトのメンバーが苦労するし、顧客も困る。こうしたマネジャほど、何か問題が起これば、「上司が作った体制が悪かった」と責任を上司に転嫁したり、「プロジェクトマネジャとは名ばかりで俺はなんの権限もない」と愚痴ったりする。これでは顧客の情報システムに責任を持っているとはとても言えない。

政治的能力の重要性を理解せよ

一般にSEは、政治的能力を軽視し、それは本質的なやり方ではないと考えがちである。事実、SEの世界で政治的に動くSEは、合理的な世界から逸脱した、ずる賢い人間のように見られ、敬遠されることがある。

しかし、プロジェクトマネジャなどにとって政治的能力の欠如は致命的である。政治的な能力のないマネジャは、先ほど触れたように、プロジェクト編成や体制作りなどの社内交渉がうまくできない。

それだけではなく、プロジェクトの基本構想作り、開発計画の策定、人や金など資源の配分、プロジェクトの実績評価・管理の仕組み作りといった、プロジェクトにかかわる重要な問題に対しても無能と言ってよい。なぜなら、これらはすべて政治的なテーマだからである。

政治的というと、日本ではあまり良い意味に使われないが、政治とは組織をまとめる手段であり、関係者に物事の本質を分からせ、共通の目標を持たせるプロセスと言える。共通の目標に向かって関係者を結束させるのが政治の力である。

政治的能力のあるプロジェクトマネジャは一つの目標に向けて顧客やメンバーなどを動かせる。だが、政治的なことを潔しとせず、政治的な行動がとれないマネジャにはそれができない。結局は会社や顧客に迷惑をかけることになり、本人も仕事が重荷になり、やりがいもなくなり、最後は欲求不満にもなる。

このように、「技術面と管理面の二つだけにこだわるSE」と、「対人関係の技能を備え、政治的な折衝ができるSE」、つまり「技術を超えたSE」との間には大きな差がある。SEは政治的能力の獲得に挑戦し、「良い意味の悪」になるべきである。効果的に仕事をするためにも、顧客のために良いシステムを作るためにも、政治的能力は欠かせない。

より高い次元のSEを目指せ

SEは、プロジェクトマネジャやSEリーダーになって初めて、仕事をこなすためにIT以外の重要な要素があることに気づくようでは遅過ぎる。若い時から政治的能力を身に付ける努力をすべきである。

物の見方一つとっても、技術的な見方と政治的な見方は全く異質である。物事の決定のやり方も違う。政治的な決定とは直感に基づくほとんど感情的なプロセスであるが、技術的な決定は論理的なプロセスを経る。

例えば、技術屋は何か物事を決める時に、主観的な要素はできる限り取り除いて分析し、その問題を客観的・合理的に解決するために完ぺきな情報を集めようとする。全部を集めてからでないと次に進めない。これが技術屋の性格である。

これに対し、政治屋は、「どうせすべての情報を集めることはできないし、やろうとしたら時間とコストがかかりすぎる、したがってある時点で決定を下すべきだ」と考える。物事には〝タイミング〟が重要と考えるわけだ。

限られた時間やコストの中で、何かを取り上げ、何かを捨てて、本来の目的を達成するための最良の道を見いだしていく。これが政治的なやり方である。もちろん、技術的な見方が悪いと言うつもりはない。二つの見方は補完し合うものである。

SEはプロジェクトに参加した時には、技術面・管理面について勉強するだけではなく、組織の中で物事がどうやって動くのかを身を持って知ることが大切である。すると、人間関係が重要であること、幅広いコネも必要であること、正式なやり方だけではなく非公式な手続きも時には重要であること、が見えてくる。

そして、自分の時間を今までのように、技術面あるいは管理面だけに割くのではなく、組織という実態を知り、それに対応する術を身に付けるために時間を割くべきである。

SEである以上、詳細な技術を知ることは必要である。だが、一人ですべての技術に精通することは不可能なのだから、むしろ他のSEと分業したり、後輩に権限を委譲し後輩にもさまざまな仕事を与えるべきだ。こうして作った時間を政治的能力の習得に使えばよい。

そして、自分自身の政治的能力をもっと高めて、より高度な仕事にエネルギーを集中させるべきだろう。こうしたことも政治的な発想である。

鉄則9 ● 多種多様な経験を積み、キャリアは自分で作る

プロのSEはいつまでも生き生きと活躍できる「自分作り（キャリア作り）」に真剣に取り組むべきである。長く働くためには、SE一人ひとりが「SE像」をしっかりと捉えた上で、多種多様な経験を積むことだ。

SEとしての自分の在り方や今後のキャリアについて、若手は若手なりに、中堅は中堅なりに、ベテランも自分の将来を考えて、しばしば悩む。若手や中堅SEは周りの先輩や同僚の姿を見て「自分はこれで良いのか」と考える。ベテランも「これまで頑張ってきたが、今後自分はどんなSEを目指すべきか」と不安になる時がある。

ひと口にSEと言っても、その仕事の幅は非常に広く奥が深い。通常は20数歳でプログラ

ミングや製品を覚えることから始め、その後担当する仕事は極めて多岐にわたる。アプリケーションの要件定義や設計、システム・インフラの設計・導入、プロジェクト管理やコンサルテーションなどがある。SEは自分にどの仕事が適しているのか、どの方向に進んでいけば良いのか、迷うものだ。

その上、情報技術の変化は激しく、自分の持っているスキルがいつまで通用するか分からない。また、時代とともに必要とされるアプリケーションも変わる。経営者やSEマネジャ、あるいはSE仲間も、SEの在り方に関してさまざまな意見を言う。SEも人間だから多少の打算も働く。こうした状況を勘案すると、多くのSEが「SE像」をどのように捉えれば良いのか、どんなキャリアを積むべきか、と悩むのは当然と言える。

しかし、悩んでいても問題は解決しない。SE一人ひとりが自分なりに、しっかりした「SE像」を持ち、その中で若手は若手なりに、中堅は中堅なりに、ベテランはベテランなりに自分の在り方と自分の進む方向を決めるしかない。

SEを十把一絡げに考えるな

ただし、「SE像」の捉え方を一つ間違えると、迷路に入り込み、結果としてSEの寿命を短くする危険がある。一般にSEは、「○○のスキルがなければまずい」とか、「△△の仕図●SEが持つべき二つのスキル。
アプリケーションとシステム・インフラのどちらが欠けてもSEとは言えない

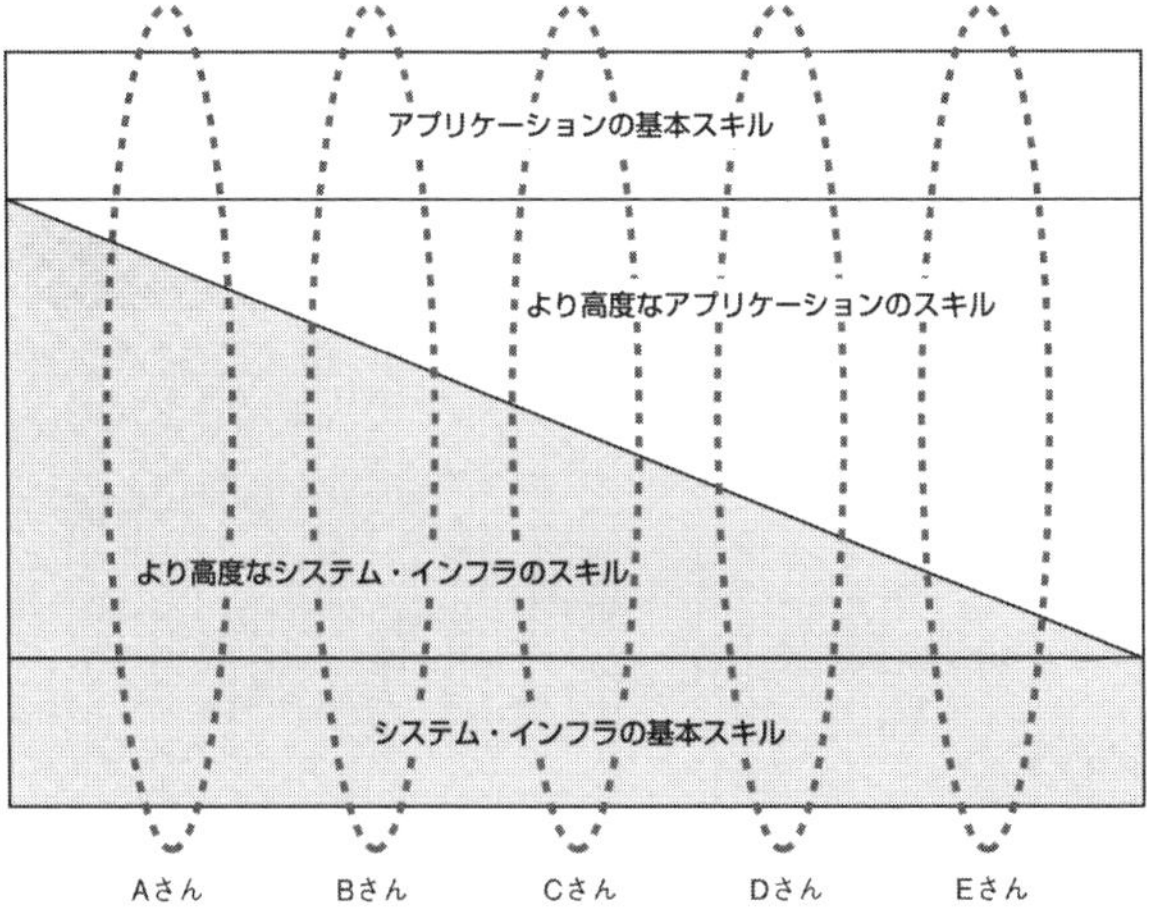

事ができなければ将来がないのでは」などと考えやすい。しかし、このようにSEを十把一絡げに考えないことが重要である。インフラに強い人、アプリケーションに強い人、いろいろな人がいるのがSEである。

筆者はSEを、得意不得意はあるがアプリケーションとシステム・インフラの両方の技術を持ったエンジニアとして、図のように捉えている。すなわち、図の左端のAさんはインフラが得意で、システム・パフォーマンスのトラブルなどは一発で解決してしまう。

逆に右端のEさんは例えば、金融業のアプリケーションに強く、「21世紀の金融システム像」を顧客と議論できるSE

である。そして彼らを両端にして、インフラ、アプリケーションともにこなせるＣさん、どちらかというとインフラが得意なＢさんやその逆のＤさんなどがいて、まったく構わない。ただし、全員がアプリケーションとインフラの両方の「基本スキル」を持っている。どちらが欠けても、顧客からは決して信頼されない。もちろん、しっかりした物の考え方や表現力・交渉力など人間的側面の能力もすべてのＳＥに不可欠なことは言うまでもない。

ここで言うアプリケーションのスキルとは、主に業種や業務の精通度を指す。これが不十分では顧客のアプリケーションをきちんと開発できない。このスキルを高めていけば、顧客の業務改革に関するコンサルテーションもできる。一方、システム・インフラのスキルとは、基本ソフトやデータベース管理システム、ネットワークなど、情報システムを支える基盤に関する能力である。

若い時は多様な経験を積め

ＳＥの進む道（キャリア）には、大きく分けてスペシャリストとマネジャがある。一人ひとりのＳＥは、将来ベテランになっても自分の能力を最大限に発揮でき、生き生きと働ける道を選ぶことが重要である。

まず、若手や中堅のＳＥは二つの道があることは知っていてもよいが、若いうちから「俺はスペシャリストになる」などと決めるべきではない。今はそんなことを考えずに、積極的にさまざまな仕事をして、幅広いスキルと視野、ビジネスパーソンの常識や表現力、交渉力・政治力などを身に付ける時である。

実際、幅広い経験をして多様な仕事に挑戦してみないと、自分が何に向いているかは分からないし、自分の隠れた才能を発見できない。先はまだまだ長い。スペシャリストかマネジャの選択は、ベテラン近くになってから考えればよい。

さて、ベテランになった段階でスペシャリストを目指すSEは、それまでの経験から自分に適した分野を見極め、その分野で腕を磨き、そして図の右端か左端の一流になるべきである。ゴールは、その分野で「Mr. ○○」または「Mrs. ○○」と言われるSEになることであろう。

一方、プロジェクトマネジャやライン管理者を目指す、マネジャ指向のSEはまず、図のCさんのように幅広く仕事ができるようにする。さらに一流のマネジメントの政治的能力（スキルとポリティカル・スキル）を身に付ける必要がある。

ベテランになったSEにとっては、キャリアの選択は極めて重要である。自分は何に適しているかを考え抜き、その道に進むことである。自分に適した好きな分野で情熱を燃やして仕事をしてこそ、自分の能力を最大限に発揮でき、自分も成長し顧客にも喜ばれ会社に貢献できる。変化の激しいＩＴ業界では、本人の絶え間ない自己啓発と努力なくして、成長することは考えられない。興味がない分野の仕事を義務感だけでやってみても先は知れている。

ところが、縦型社会である日本ではＳＥの多くがマネジャになりたがる。技術力はあるが、統率力や政治的能力がない人が年功序列でマネジャになると、部下が困り、顧客はもっと困る。本人も数年後にＳＥマネジャでなくなった時に、路頭に迷いかねない。古いＩＴのスキルはその時には通用しないからだ。こうした人もＳＥマネジャになるのではなく、スペシャリストの道を選んでおれば、生き生きと活躍できたはずだ。実際、こうして人材をつぶしてしまった例は多くの会社で山のようにある。会社や日本にとってもたいへんな損失である。

鉄則10●好きな仕事だけでは大成しない

ＳＥにとって楽しいのは、新しい技術に取り組むことだ。逆に、管理や報告書作りは面白くない。しかし、面白い仕事ばかりしているとＳＥとして大成しない。スペシャリストを目指すとしても、ある年齢になれば管理能力や統率力が求められる。

筆者も現役のSE時代、システム作りやトラブル対策など技術的な仕事の時はやる気が起こり、無我夢中で時間も忘れて取り組んだ。夢の中でデバッグをしたことすらあった。苦しい時もあったが、とにかく面白かった。未知の技術に対する技術者の好奇心が仕事の原動力になったのだと思う。

その一方で、〝雑用〟の類、プロジェクトをやる時の金勘定や人の手配、顧客と社内での各種の業務報告などは面倒で、まったく興味がわかなかった。仕事だから仕方がないと思ってこなしていたものである。

それでもプロジェクトで発生する諸々の問題、とりわけ人を相手にした時の問題では精神的にまいり、嫌になったこともある。例えば、プロジェクト会議で上司にたたかれたり、お客様が「分かった。自分たちでやる」と言われたのに、いっこうにしてくれなかった時とか、あるいは、ここぞというところで上司が動いてくれなかったりした時である。そんな時は、「なぜ自分だけが苦労するのか」とひがんだり、頭にきたものだ。

技術的な仕事ばかりしてきたSEの多くがプロジェクトマネジメントなどの〝雑用的〟な仕事には面白みや興味がわかずモラールを下げてしまう。筆者はこれは「考え方の問題」ではないかと思う。「幸運にも新しい仕事へ挑戦する場を与えられた」と考えてこの機会を無駄にしないほうが良い。

SEの仕事は実に幅が広い。コンサルテーションの仕事もあれば、プロジェクトマネジメントやシステム開発、保守運用などの仕事もある、そして、一連の仕事は幅広くやればやるほど相乗効果が生まれ、SEの成長につながる。

上位の管理者にきちっと業務報告したり、客や協力会社と交渉することも必要となる。研究所においても、「素晴らしい成果を出す研究者は交渉力がある」と言われている。自分の研究に必要な研究費を関係部門と交渉して持ってこられるからである。

交渉力や政治力がないゆえに、ベテランと言われる年齢になっても、年下の中堅SEと同じ程度の仕事しかできなければ、会社は年齢相応の給料を払えない。給料の高い人はそれだけの仕事ができないと企業は成り立たないからだ。こんな当たり前のことにベテランになって気付いても遅すぎる。遅くとも30歳代からは真剣に10年先の自分の姿を考え、ITとは次元の違う能力を身に付けることに挑戦すべきだ。

筆者はSEマネジャ時代、部下のSEたちに「若い時は好き嫌いを言わずに与えられた仕事をしたほうが良い、それが将来必ず役立つ」と言っていた。さまざまな仕事をさせた理由は三つある。

第1に視野が広がり、SEの価値観を育てることができ、自信が持てる。「ITに強くなることだけがSEの職務ではない、ビジネス目標の達成と顧客の満足が職務だ」とか、「営業担当者とは何か、顧客とは何か」などが分かってくる。その上、マネジメント力や交渉力はもちろん、自信のない仕事であっても怖がらずに取り組む度胸が身に付く。

2点目は多種多様な経験が相乗効果を生み、個々の技術力を高めることができる。例えば、これまでコンサルテーションの仕事をしていた人がプロジェクトマネジャの仕事を数年した後に何かの機会で再びコンサルテーションをやる時には、プロジェクトマネジャとして身に付けた能力を生かし、以前とは違ったコンサルテーションができるはずだ。これが相乗効果である。

3点目は自分に一番適している仕事が何か分かってくる。すると将来、最適の道で生き生きと働けるようになる。

鉄則11●5年ごとに落第の危機、若い時の経験が鍵握る

SEはおよそ5年ごとに、「落第SE」となる危機に直面する。危機を乗り越えられるかどうかは、頭の柔軟な若い時に、業務分析や提案書作りなど付加価値の大きい仕事を担当していたかどうかで決まる。

図●SEの5年サイクルの危機

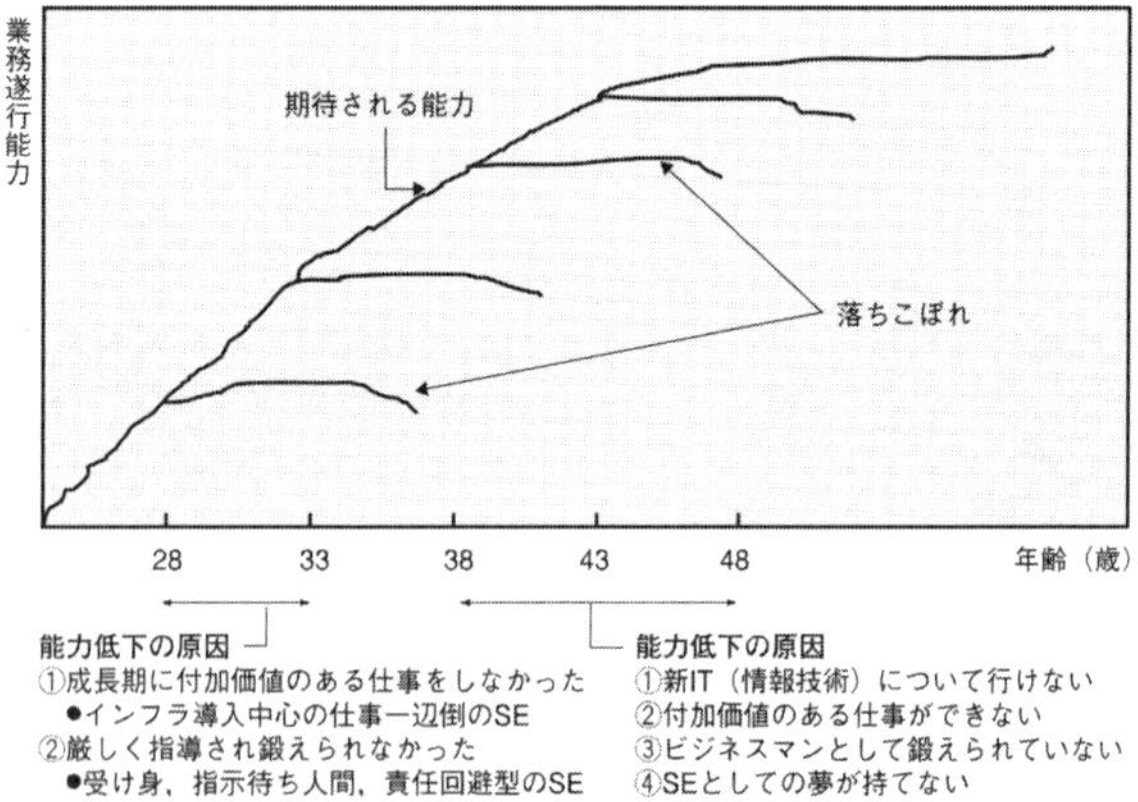

SE個人にとっても、企業にとっても「SEは年齢とともに成長しなければならない」。だが、現実のSEの状況を見るとそうではないケースが散見される。20数歳から仕事を始め、最初の5年間ぐらいは日に日に力をつけ成長していくものの、28歳前後で何%かのSEは伸びなくなる。進級できずに落第を続けるような状態である。

その5年後、33歳前後になると、「成長できない落第SE」はもっと増える。こうしたSEの成長の節目は、筆者の経験で言うと、38歳、43歳、48歳と5年サイクルで来る。筆者はこれを「SEの5年サイクルの危機」と呼んでいる（図）。

実際、筆者はこれまで、日ごろの努力を怠って世の中から取り残されたSE、小手先で仕事をやりだして伸びなくなったSE、担当する製品のアーキテクチャが大きく変わったとたんにダメになったSE、頭が固くなって新しいITについて行けなくなったSE、などを数多く見てきた。

よほど注意しないとSEは途中で落第しかねない。変化の激しいIT業界のSEは自分で自分を成長させていくことが義務と言える。顧客にとって、「力はないのに年だけベテラン」というSEほど困る存在はない。

なぜ落第するのだろうか。筆者はかつてSEマネジャをしていた時代に、何人かのSEマネジャとともに、その原因について討議したことがある。

「28歳あるいは33歳ごろ」に落第するSEのキャリアを見ると、二つの共通点があった。「若い時、成長期に付加価値のある仕事をあまり経験していなかった」、「ビジネスパーソンとして厳しく鍛えられてこなかった」である。さらに、「38歳、43歳、48歳ごろ」に落第するSEは、この二つに加え、「新しいITについて行けない」、「SEとしての夢が持てない」、という共通点が見られた。

したがって、落第しないためには、若いころから注意しなければならない。まず、頭の柔らかい20歳代に製品中心の仕事やプログラミングの仕事ばかりするのではなく、アプリケーションの開発やシステム基盤全体の構築なども担当するようにする。しかも、提案書作り、業務分析、要件定義、システム設計、プロジェクト管理といった付加価値の大きい仕事を、先輩に頼らず「独力」で責任をもって行う努力をすることである。

こうしてＳＥとしての幅を広げておかないと、ＩＴの限られた世界から出られなくなってしまう。誤解のないように付け加えれば、製品を顧客に導入する仕事やプログラミングを避けよと言っているのではない。こうした仕事もＳＥのキャリアにとって絶対に必要である。ただ、それればかりではダメなのである。

そして、若い時にビジネスパーソンとしての考え方や態度・姿勢、仕事のやり方、顧客との対応の仕方などを、しっかり身に付ける。受け身で指示待ち人間のＳＥは落第しやすい。対人関係の処理能力、表現力、交渉力、リーダーシップなどを持つＳＥが成長を続けられる。

ＳＥマネジャや先輩から厳しく指導されればよし、そうでないＳＥは自分で自分を鍛える。もっとも、一般にＳＥマネジャは部下に甘いので、成長する可能性があるＳＥも成長しなくなる危険がある。時には、営業マネジャや顧客に、自分の仕事のやり方を批判してもらうとよい。すると改める点も分かる。

新技術への追随は、個人差はあるものの、どのＳＥも避けて通れない課題である。一般に30歳代後半ごろから、ＳＥはだんだんと頭が固くなり、新製品や新技術の細かいことを覚えようとしても、若いＳＥには勝てなくなる。無理に製品や技術にしがみついていても、あまり意味がない。

それよりも、製品や技術の細かい知識が必要な仕事から、経験と応用力が要求される仕事へと、比重を移していくべきである。いわゆる「製品離れ」である。例えば、要件定義や設計など上流工程の仕事、対人関係の処理能力やマネジメント能力が要求されるプロジェクト管理の仕事、非常に深い業種・業務知識に基づくコンサルタントの仕事、あるいはライン管理職である。こうした仕事ができる基礎体力を30歳代までに身に付けておくことが重要である。

ごくまれに、コンピューターのために生まれてきたような、製品や技術に異常に強いベテランSEがいるが、こうしたある種の天才は例外と思ったほうがよい。だが、若い時はそんなことは分からずに、「先進的なシステムやITをとにかく追い続けなければ」とこだわりがちだ。

若さにまかせてITを追求することはもちろん重要だが、同じ若い時に、SEにとって普遍的なものの重要さを知り、それを身に付けておくことを忘れてはならない。そうしないと、自分が製品や技術の天才でなかった場合、将来必ず落第する。

そもそもSEは若い時に身に付けた製品や技術のスキルだけで、定年まで飯が食えるような甘い職業ではない。SEの成長には、若い時の体験でつかむ「システムや物事に対する考え方」が欠かせない。この点を認識しておくことがSEのキャリアを考える上で特に重要である。

付加価値のある仕事が担当でき、上司にも恵まれて厳しく鍛えられたSEはそう簡単に落第することはない。それでもSEならだれでも、必ず大なり小なり5年サイクルの危機が来る。5年ごとの節目を常に乗り越えていかなければ年齢とともに成長はできない。

同じような仕事ばかりしてマンネリに陥っていると感じたら、思い切って仕事の環境を変えることが重要である。例えば、東京から福岡に転勤する、担当業界や顧客を変更する、担当する分野をアプリケーションから製品にする、など頑張らざるを得ない環境に自分を追い込むのである。

とは言っても、SEが「仕事を変わりたい」と思っても、SEマネジャや顧客の考えもあり、なかなか思い通りにはいかない。SEマネジャに恵まれている人、そうでない人などいろいろいるだろう。変わりたいと思ったら、日ごろの仕事でベストを尽くし、機会があるたびに自分の希望をマネジャに言っておくことだ。そうすれば、必ずチャンスは来る。チャンスが来た時には、少々不本意な仕事であっても目をつぶって飛び込むことである。すると新しい成長が始まり、5年サイクルの危機を乗り越えられる。

SEのキャリアは、年功序列で偉くなることではなく、年齢とともに成長することである。すなわち、ＳＥ一人ひとりは給料が上がれば、それに値する仕事をしなければならない。そのためには、それができる能力を持たなければならない。そうでないと、まだ若いのにもかかわらず事実上、窓際族になったり、後輩から煙たがられるＳＥになってしまう。それでは給料のもらいすぎである。そもそも、後輩は元気のない先輩など見たくはないものである。

鉄則12●「顧客」「ビジネス」など五つの側面に強くなれ

信頼されるＳＥになるためには、五つの側面に強くなる必要がある。「ＩＴ」、「顧客」、「プロジェクト」、「ビジネス」、「仕事のやり方」である。五つの側面に強いＳＥに簡単になれるわけではないが、努力すれば必ずその日が来る。

ここからは「信頼されるＳＥ」になるために、ＳＥが日ごろ、「何を心がけ何を行うべきか」のポイントを具体的に述べる。筆者の経験に加え、筆者が仕事をともにしてきた数多くのＳＥの事例も踏まえて解説していく。

図●信頼されるSEが目指すべき五つの側面

「五つの側面」に強くなれ

SEである以上、システムや製品などITの技術力があるSE、アプリケーション開発能力があるSE、コンサルテーション能力があるSEでなければならない。だが、筆者が繰り返し強調したいのは、「物事の考え方がしっかりしたSE」、顧客から「あのSEはしっかりしている」と言っていただけるSEでなければならないということである。つまり、お客様から「信頼されるSE」である。それがプロのSEであり、そこには普遍的な共通点がある。

それはSEとしてのしっかりした考えと技術力を持ち、プロジェクトやビジネスに精通し、チームワークを組める優れたバランス感覚を備えていることである。時代が変わり、ITが変わってもこれらの点はなんら変わらない。

筆者はSEマネジャ時代に一緒に働くSEへ、「五つの側面で強くなることを目指せ」と指導していた（図参照）。これらはSEの仕事に直接かかわる事柄なので、この指導を通してSEとしての物の見方や考え方を教えやすかったし、SEも理解しやすかったと思う。「SEは日常の活動で何を心がけ、何を行えばSEとして強くなり、顧客に満足いただけるか」という視点で、五つの側面の具体的な内容を説明していく。若手は若手なりに、中堅は中堅なりに参考にして大きく成長していただきたい。ベテランSEの方は、後輩の指導や自己点検に役立ててほしい。

重要なことは第一線のSEとしての使命感と、「自分は○○ができるようになりたい」という強い向上心、そして失敗を恐れないチャレンジ精神である。マイナス思考のままでは成長はない。

SEの「しっかり度合い」が価値

五つの側面に強い「しっかりしたSE」のいる企業は、商談で競合した時に有利に話を進められる。プロジェクトも赤字にならない。顧客が各社の提案を受けてシステム開発の発注先を選ぶ時には、提案されたシステムの技術的な実現可能性、システムの価格、そして「SE陣のしっかり度合い」を評価する。これらが総合的に優れている企業の提案を採用するはずだ。

SEは競合に負けるのは営業の力が弱かったからで、SEの力は無関係と思いがちだが、それは早計である。しっかりしたシステム構想、開発計画、理論的な説明、自信にあふれた説明態度、こうしたSEの力が顧客に訴え、顧客を動かすのである。

逆の立場になって考えてみればすぐ分かる。顧客の担当者は自分の首をかけてシステムを開発する。頼りにならなそうなSEとプロジェクトを一緒にできるはずがない。

SEのしっかり度合いが優れていれば提案したシステムの価格が他社より2〜3割高くても競合に勝てる。言い換えれば、「SEのしっかり度合い」には「2〜3割の価値」がある。「しっかり度合い」が劣っているので、やむを得ず大幅な値引きをして競合に勝つのに比べて、得られる利益には大きな差がある。そもそも値引きしてとった案件では開発を巡ってトラブルが起こりやすい。

何度も言うが、IT関連企業は同業他社と差別化するために、しっかりしたSEを求めている。顧客は頼りにならないSEとは仕事をしたくない。すなわち顧客から信頼される「しっかりしたSE」は、顧客やIT関連企業にとってはもちろんのこと、日本の情報化にとっても欠かせない存在である。SEはビジネスパーソンである以上、それに挑戦する義務がある。

ＩＴに強くなれ

五つの側面のうち、まずＩＴに強くなるポイントを述べる。ＩＴ、システムや製品などのテクニカルそのものの領域と、アプリケーションの領域に大別できる。ここではテクニカル系のＩＴに焦点を当て、テクニカルな面に強くなるために、ＳＥは何に注意し何を行えばよいかについて述べる。

筆者はテクニカル系ＩＴのスキルは第一線のＳＥの命であると考えている。これがないＳＥはシステムの基盤を構築できないし、アプリケーションを開発する場合でもろくな仕事ができない。したがって、ＳＥはまずテクニカル系ＩＴのスキルの習得に全力で取り組み、少なくとも担当分野については、顧客から「あのＳＥはよく知っている」、「彼の設計なら安心だ」と言われるようになることが重要である。

ところが、コンサルタントと称する、テクニカル系に疎いＳＥもどきが、ＬＡＮとＷＡＮの応答時間の違いも分からずに、ＩＴのコンサルテーションをしたりしている。彼らはアプリケーションの仕様を膨らませることには長けているが、それだけでは実際に使えるシステムは構築できない。ＳＥもどきをアサインされた顧客こそいい迷惑である。ＳＥの中にも、特に若手にこの類が結構見られるようになってきた。肩書きは何であれ、ＩＴ業界に籍を置いている人間にとって、自分の仕事に必要な技術力を持つことはプロとして最低限の義務である。それがなければ何の存在価値もない。

筆者はこれまで多くのＳＥを見て来たが、プログラム開発に強いＳＥと弱いＳＥとでは5～10倍の能力の差がある。システム基盤系の仕事でも理解の速いＳＥとそうでないＳＥとでは、仕事の正確さや速さで相当な差がある。センスの差もあるし、疑問に対して「なぜこうなるのか、納得いかない」という探求心や未知のモノに対する好奇心、論理的な思考力の差もある。このあたりがいわゆる適性の差であろう。

だが、いかに適性があり論理的思考に優れたＳＥでも、自己啓発の努力を怠っては、変化の激しいＩＴの世界で必ず落第する。自己啓発もまたＳＥの命である。ＩＴに弱いと思っているＳＥでも、他人以上にマニュアルを読みマシンを使い、自分が分からない点を自分で調べる習慣を身に付ければ、顧客に信頼してもらえるくらいのスキルは必ず身に付く。ＩＴは難しいといっても、しょせんはだれかが作ったものにすぎない。理解できないはずはない。

テクニカル系に強くなるポイント

テクニカルに強くなるために、ＳＥが日ごろから心がけ、努力すべきことは数多い。主たる基本事項を列挙する。

マニュアルを読む　なんと言ってもこれが基本である。システムの解説書や技術書、市販の専門雑誌などを読む習慣を付ける。専門分野は深く読み、非専門分野は広く浅く読む。

筆者はかつて新入社員に、「酒を飲んでいても、どんなに疲れていても、家に帰ったら、マニュアルを1ページ必ず読め。それがプロのSEだ」と指導していた。この「寝る前に1ページ」を実践したSEは伸びたように思う。

マシンを使う　マシンを使えばマニュアルで理解した知識を確認でき、理解不足も発見できる。使ってみて思った通りにいかなかったら疑問がわく。するとそれを調べ、答えを見つける。こうしてSEは成長していく。専門分野だけでなく関連製品なども分かり、ITスキルの幅が広がる。

疑問は放置しない　仕事をしていると、さまざまな技術上の疑問がわく。その時は自分が納得いくまで究明すること。疑問の究明やトラブルなど予期せぬ事態にぶつかり、もがき苦しみそれを解決してSEは成長し自信がつく。

分からないことは自分で調べる　それでも分からない時や確認する時にだけ他人に聞く。すぐ他人に聞くSEの先はたかが知れている。

設計思想や基本的な仕組みを知る　製品に関していえば、表面的な「○○ができる」、「△△はできない」といった機能や、パラメーターの意味などを知るだけでは足りない。製品の基本的な仕組みを理解して初めて、製品の正しい評価ができるし、他の製品も理解しやすくなる。

研修には予習をして出席する　事前に関連するマニュアルなどを読み、深く知りたい点や疑問点を整理して研修を受ける。理解が深まるし、より実践的なスキルが身に付く。筆者の経験では伸びるＳＥは皆、この態度を持っていた。

社内外の資格に挑戦する　ＳＥは、「自分の力はどの程度だろうか」、「これで大丈夫だろうか」と不安にかられる時がある。資格の取得は、客観的な力が分かるし、自己啓発の目標にもなる。難しい資格をとれば自信もわく。もちろん資格をとったから、それで十分というわけではない。

常に一流になろうとする意識を持つ　ＵＮＩＸのソースプログラムを時には読むとか、ある分野に非常に強いＳＥと知己になって勉強する機会を作る。より高いレベルを目指す知恵と工夫を凝らすことである。

テクニカル系の知識は必要条件であるが、それだけで顧客から信頼されるわけではない。テクニカルな知識に関しても顧客と仕事をする上で、心がけるべきポイントがある。この点は意外に見落とされがちなので列挙しておく。

顧客に理解していただく　システムや製品について、ＳＥは顧客より強くなければならない。これが原点であるが、強いからといって顧客に難しい話ばかりして、顧客が理解できなかったのではなんの価値もない。強いばかりが能ではない。

技術は必ず証明される　顧客の質問を受けて分からなかった時には、知ったか振りの回答は厳禁である。もし間違っていたら、そのSEの信用は一発で失墜する。恥ずかしくても「分かりません」といい、すぐ調べて答える。

「ながら導入」は厳禁　これは筆者の造語である。マニュアルなどを調べながらシステムや製品の導入作業をすることを指す。これでは生産性が悪いし、顧客から信用されない。特に若いSEは注意。導入にあたっては、まず机上でその顧客の導入形態を想定し、疑似設計をし、各種の設定パラメータなどを調べる。こうして不明な点をだいたいなくしてから、実際の導入の打ち合わせをし、作業に入る。

最新情報を常にチェックする　システムや製品を導入する時は、必ず事前に考慮点や注意点がないか、最新の技術情報を確認しておく。特にパフォーマンスやバグに関する情報が重要。たとえ先輩の助言であっても、実績の裏付けのない情報は鵜呑みにしない。どこに注意すべきか分からない時は、導入計画を作るときに、検証やテストのやり方で工夫する。これらを怠ると大トラブルを起こす危険がある。

プロとして情報を集める　顧客がなかなか入手できないパフォーマンスや生産性のデータ、技術事例などを日ごろから意識して集めておく。顧客と話す時にそれらを使うことで、自分の技術力を訴えられる。

若いSEは素直さが大切　特に経験豊富な顧客と話す時に分からないことがあったら背伸びせずに、若者らしく「教えて下さい」と尋ねる。するとかえって評価してもらえる。教えてもらう場合には、きちんと筋道たてて質問すること。論理的な思考ができなければ、SEとして認めてもらえない。

鉄則13●アプリケーションは全SEに必要なスキル

第一線のSEは顧客と、顧客のアプリケーションや業界に関して最低限、「顧客の言葉」で会話ができなければならない。このことは、日ごろから顧客ときちっとしたコミュニケーションをとるために不可欠である。

SEの仕事は、システムや製品の世界だけだと誤解している人が多い。そうではなく、顧客企業の経営に役立つシステム作りに欠かせないアプリケーションの世界もある。第一線のSEは全員、顧客と会話ができるレベルのアプリケーション・スキルを最低限持つべきである。SEたるもの、改めて「プロとしての自覚」を持ってもらいたい。

アプリケーション・スキルと言っても、顧客と会話ができるレベルから、顧客の業務を熟知しており顧客をリードしてシステムの要件定義や基本設計を行えるレベルまで幅広い。アプリケーション開発を請け負うＳＥ、ＥＲＰパッケージ（統合業務パッケージ）やデータウエアハウスを担当するＳＥは顧客と同等、それ以上のアプリケーション・スキルを持つべきである。

テクニカル系のＳＥといえども、顧客と会話ができるレベルでなければならない。すなわち、アプリケーションは第一線で働くＳＥの基本スキルである。顧客とアプリケーションを開発したりインフラを構築する時に、お互いの意思疎通をきちっと図るためには、テクニカル系の言葉だけでは足りない。

業界やアプリケーションの用語、顧客の部門・部署・支店などの役割や仕事環境、そこで働く人の仕事の内容、顧客のＩＴ活用度合いなどが分かり、その言葉できちんと会話する必要がある。

顧客の担当者は業務をシステム化するために、システムや製品などＩＴについて苦労して勉強している。それなのに、ＩＴ業界のＳＥが顧客のアプリケーションを勉強しないようでは、筋が通らない。

とは言っても、アプリケーション用語を使って、とにかく話せばよいというものではない。抽象的な表現だが、アプリケーション用語を自分で「実感」でき、肌で感じ、自分の言葉として話せるようになるかどうかがポイントである。すなわち、OSやネットワークなどに関するIT用語を話すように、まったく抵抗なくアプリケーション用語を使えることが重要だ。

筆者の経験では、アプリケーションを実感できるSEは、○○業務という言葉から、支店や現場、そこで仕事をしている人の姿、伝票やデータなどその業務関連の事柄が自然とイメージできる。それができないSEはたとえアプリケーション用語を使って顧客と話しても言葉に重みがない。顧客から「このSEは分かっていないな」とすぐ見抜かれてしまう。

アプリケーションを実感できるレベルに達すると、顧客との会話中に分からないことがあれば、顧客に「それはどういう意味ですか」と気軽に尋ねることもでき、うまくコミュニケーションできる。顧客の一般社員のアプリケーション知識の7〜8割ぐらいのレベルに達しないとなかなかこうはいかない。

SEは努力して一刻も早くそのレベルになることが肝要である。決して難しいことではない。その気になればシステムや製品について覚えるよりよほど容易で効果も大きい。

テクニカル系のSEを目指す場合でも、若い時に一度は小規模なアプリケーションでよいから要件定義や基本設計を手掛けたほうが良い。それにはSEマネジャのジョブアサインが重要だが、ＳＥ本人も努力するべきである。

アプリケーション・スキルの獲得法

以下では、筆者がＳＥマネジャ時代に、「アプリケーションを実感できるＳＥ作り」のために指導していた主な事項を列挙する。読者の方は、「そこまでしなくても」と思うかもしれない。だが、テクニカル系のＳＥといえども、第一線で働く以上、例外ではない。ぜひＳＥの方はヒントにしていただきたい。

基本を学ぶ　まず、顧客の企業活動の基本を理解させるために、顧客の基幹業務、例えば「販売から入金」に至る一連の業務をＳＥに勉強させた。基幹アプリケーションを分からせることはもちろんだが、ここで学んだ知識は経理や人事アプリケーションを理解する上でも必須と考えたからである。

具体的には、筆者自らＳＥに業界の歴史や業務の説明をした。さらに、業界専門誌や業務解説書などをＳＥに読ませ、販売、受注、生産、納入、請求、入金という業務の流れと、業務間の関連、取引先企業や関係部門との関係、各種情報の内容やデータ件数なども覚えこませた。

現場を見る　顧客の支店や現場を極力、ＳＥが自分で見て業務を肌で感じることを推奨した。現場の雰囲気や人の仕事のやり方、パソコンの操作状況、伝票処理の順序などを自分の目で見れば、多少なりとも業務を実感できる。さらに部分的でも業務を実体験すれば、素人ながら問題点も少し分かる。耳学問だけではなかなか実感できない。

若いうちに勉強　筆者はＳＥが若い時に極力アプリケーションの開発を経験させた。若い時にインフラ回りの仕事だけさせて、ベテランになってからアプリケーションをやらせても、頭の切り替えが難しい。この点は要注意である。分岐点はＳＥ経験5年プラスアルファくらいであろう。

経験を積む　ＳＥには顧客やプロジェクトをできるだけ数多く担当させるようにした。一件の顧客やプロジェクトを長期間担当するより、数多くを担当したほうがたくさんの顧客と話せ、それだけ多くのアプリケーションや業界知識が身に付くからである。若いＳＥは大規模な顧客やプロジェクトを担当したがる。しかし、それが本当に良いかどうか、一考の余地があろう。

提案書を書く　提案書には極力、アプリケーションに関する記述を盛り込ませた。ひと目でアプリケーションが分かる全体図や鳥瞰図などは力を入れて作らせた。うまくいってすごい内容の提案書ができれば競合相手にも勝てるし、ＳＥも自信がつく。

週に一つアプリケーション用語を覚える　これはワークロードの問題ではなく意識の問題

だ、と常日ごろからしつこく指導した。新しい顧客を担当した時は、客先でコンソールの前に一日座っておくことも勧めていた。コンソールをにらんでいると、その顧客でどんなアプリケーションが稼働しているかがおおよそ、つかめるからである。

以上のような工夫をして、アプリケーションが分かり、顧客と「顧客の言葉」で会話ができるようになると、その効果は絶大である。システム担当者だけではなく、顧客の部課長や利用部門と会話ができるので信頼度が増し、ビジネスチャンスをつかみやすくなる。

そして業務に精通すれば、アプリケーション開発で、要件定義や設計時に言い間違いや聞き違い、勘違いが減少し、手戻りが減る。プロジェクトが危ない時にも、アプリケーション側から見た問題点を理解して解決策を提示できるから、顧客と素早く交渉でき、解決も速い。

鉄則14●体で本音を知り顧客に強くなる

顧客の管理者や担当者の業務遂行に役立つ「力のあるＳＥ」になるとともに、その顧客に適したやり方で仕事ができなければならない。顧客の悩みやＳＥへの期待といった「顧客の本音」を肌で感じとり、その期待にこたえるべきである。

ＳＥはＩＴだけではなく、「顧客」にも強くなければならない。顧客に強いとは、システム開発やインフラ構築プロジェクトあるいは販売活動において、顧客に対して発言力・影響力を持つことである。

日ごろから顧客に、「なるほど、そのように進めたい」、「確かにそう考えたほうが良い」と、ＳＥの言葉を買ってもらえるようになれば、そのＳＥは顧客に強いと言える。

もちろん、相手は人間であり、ハードやソフトなどＩＴに強くなることほど単純にはいかない。顧客の管理者や担当者の業務遂行に役立つ「価値のあるＳＥ」にならなければならないし、好かれないまでも嫌われてはならない。

こうした顧客に強いＳＥになるには、技術力があることは当然だが、その顧客に適したやり方で仕事ができる能力、さらに対人関係の能力も必要である。

特に顧客に適した仕事のやり方は一様ではない。顧客企業の文化や技術レベルに合ったやり方が顧客企業ごとにある。したがってＳＥには、顧客の特性に合わせて仕事ができる順応性や柔軟性といったＩＴ以外の能力が要求される。往々にしてＳＥは、「システムはこうあるべきだ」という〝べき論〟でモノを考える。だが、べき論も度が過ぎると顧客から嫌われるので要注意である。

言うまでもなく、顧客と会っても挨拶ひとつしないとか、相手が読むことを考えて作ったとは思えない資料を顧客に出すようなＳＥは、ＩＴにいかに強くても論外である。

では、「顧客に強くなる」にはどうすればよいか。ひと言でいえば、「顧客が51、会社や自分が49」や「顧客の社員ではなく、顧客企業を支援せよ」といった考え方を実践することである。一連の行動の積み重ねの結果が、顧客に強いＳＥを作る。したがって、顧客に強いＳＥには一朝一夕ではなれない。

顧客の本音を知れ

ＳＥが「顧客に強くなる」出発点は、顧客の本音を知ることである。顧客が日ごろ、何に頭を使い何に悩み、そしてＳＥに何を期待しているのか、という本当のところをＳＥはつかまなければならない。

顧客の本音が分からないと、第一線のＳＥとして話にならない。せっかく顧客のためになると思ってとった行動が全く逆の結果になったり、顧客がそれとなく言ったことの重要さに気づかず、後で催促されてやっと対応する、といったさまざまな問題が起こる。

こうしたことがたび重なれば、そのＳＥは被害者意識を持つようになる。顧客を自分と利害が相反する敵のように考えたり、自分の仕事と顧客の仕事との間にすぐ壁を作ったり、失敗を顧客のせいにするようになってしまう。

顧客の本音を知る前提として、自分で「これだ、間違いない」と信じられるモノをつかんで、自分なりの「顧客観」を形成しておくことが必要である。分かり難いと思うが、顧客観とは、「顧客は何に悩んでいるのか」、「プロジェクトの時の顧客の心境は」などを自分なりに定義することである。しっかりした顧客観を持てれば、自信がわき、顧客と真正面から話せ、自分の意見も言えるようになる。

そのためにＳＥは、「別に顧客にとって食われるわけではない」と度胸を決めて、体で顧客にぶつかり、生の声を聞くことが不可欠である。例えば、新しく顧客の担当ＳＥになった時に、何を期待しているのか聞いてみる。顧客と意見が違った時に喧嘩腰で口論してみる。プロジェクトが終わった時に顧客に感想を聞く。きっと冷や汗をかくこともあろうが、それを恐れてはならない。

このように、その気になれば結構、本音を知る機会がある。すると、顧客はＳＥの敵ではなく、仲間であり、パートナーであることがよく分かるはずである。

とはいえ、ＩＴ業界のＳＥは概して引っ込み思案であり、度胸がある人はそう多くない。それではまずい。筆者の見る限り、ＳＥは顧客を知らなさすぎるし、知ろうとする努力がまだまだ足りない。

それではいつまでたっても、表面的かつビジネスライクな「お客様の姿」しか見えない。

この壁を乗り越えないと、「顧客の立場で物を考える」ことができない。

顧客の部課長の悩みは深い

顧客の本音のうち、特にSEがつかまなければならないのは、顧客の悩みである。最近、変わりつつあるとはいえ、まだまだ日本の多くの企業は年功序列の縦型社会である。コンピューターをほとんど知らない人が情報システム部門の課長や部長として配属され、ITの仕事をするケースが多い。彼らの悩みは深い。部下に聞いても難しい話ばかりで分かるように説明してくれない。忌たんのない意見もなかなか言ってくれない。といって、あまり初歩的な質問をするのも気が引ける。

経験やノウハウがなくても、責任ある立場である以上、彼らは部下がやっているプロジェクトの管理責任があるし、他の事業部門との会議にはシステム部門を代表して出席しなければならない。システム部門の内部の会議においては、ITの理解はさておき管理者らしい行動や発言をせざるを得ない。

その上、部下はIT関連の承認願いを次々に持ってくる。ITに詳しくない部課長は、その内容を理解して承認するか、確かめもせずに判を押すか、信用できる人間に相談するかしか方法がない。

一方、ＩＴ経験が十分にある部課長であっても、この技術変化の激しい時代では自分の判断や考えが正しいかどうか自信がなくなる時がある。部下のやっているプロジェクトが見えなくなり、問題がないのかどうか不安になる。部下がこうしたいと言っていることを信じてよいのか悩む、など数えあげたらきりがない。

ことほど左様に現在の部課長やマネジメントの悩みは深い。自分で判断がつかないことが多く、心配だらけであろう。時折、部課長の中に妙なプライドが邪魔して知ったか振りをする人もいるが、多くの人は悩んでいる。

顧客企業の担当者レベルを見ても同じである。アプリケーションの担当者はインフラ系が分からないので、自分のアプリケーション設計でレスポンスタイムを保証できるかどうか不安でしかたがない。逆にインフラ系の人はアプリケーションが分からないから、どのくらい送受信のデータ量があるのか、などと心配している。

心あるＳＥはぜひとも、各々の立場で顧客にあたって、自分の目と耳で顧客の悩みを確かめてほしい。きっと効果的な支援のやり方について確かなヒントをつかめ、ひいては顧客をつかむ道が開けるはずである。

鉄則15●ＩＴに強いのは当然、気配りや行動力も重要

顧客に強くなるために、日常から注意すべきことは数多い。きちんと挨拶をする。分かりやすい資料を作る。顧客企業について勉強し、顧客の人となりを知る。ＳＥのほうから積極的に、顧客が困っている問題に対して解決策を提案することも重要だ。

ＳＥはさまざまな顧客を担当する。どんな顧客を担当しようとも、常に担当した顧客に強くなり、仕事上の発言力と影響力を持つ。これがプロのＳＥが目指す道である。長年付き合った顧客には発言力を持てたが、他の顧客ではできなかった、というようではプロのＳＥとは言えない。

顧客に強くなるには日ごろの地道な努力、顧客に対するきめの細かい気配り、適切な対応力と行動力といった、ノンテクニカルな領域の力が欠かせない。だが、往々にしてＳＥは、ＩＴには興味を持つが、ＩＴ以外の面をおろそかにしがちである。それでは顧客に強くなることができない。

第一線のＳＥにはまず、ビジネスパーソンとしての常識が求められる。顧客に礼を失しない。きちんと挨拶をする。分かりやすく説明する。約束を守る。あいまいな返事はしない。

さらに、顧客の業界や企業について学び、先方の担当者の人となりもよく知った上で、きちっと顧客に対応することである。

仕事上でいろいろな工夫をする。顧客に改善策を提案する。顧客に対する、自社の営業の活動や方針を知っておく。こうした事柄について、手を抜かないでしっかりやることである。そうすれば、だんだんと、「このＳＥはしっかりしている」と、顧客から言われるようになる。

何を行うべきか、全体像をつかめ

しっかりしたＳＥになるためにはまず、「ＳＥである自分は何をしなければならないのか」、その全体像を知ることである。ＩＴ以外の領域で、顧客に強くなるためにＳＥがすべきことは多い。

一人ひとりのＳＥができるできないは別にして、行うべきことの全体像をまず知り、それらを一つひとつ実行することが重要である。ＳＥは自分ができる範囲で物事を考えやすい。しかし、狭い視野で物事を間違って捉えていては、決して顧客に強くなれない。

若いＳＥが全体像をつかむ一助として、ＳＥがやるべきＩＴ以外の事柄を表に列挙してみた。これらは筆者が１９９４年に、あるシステムインテグレーターのＳＥ十数人に、「顧客に

表●SEが顧客に強くなるために日ごろから心がけるべき事例

顧客企業を知る

- 顧客の業界の業務，企業の特徴，同業他社の動向，顧客の情報化の経緯を知る
- 顧客の企業文化や業界慣習を理解する。系列や資本関係，取引関係も知る
- 顧客の担当者から，情報化の考え方や現在の状況を聞く。顧客に直接聞くことに意味がある
- 新聞の人事異動欄を見る。顧客の業界他社の情報システム部門担当役員の出身部署に注意を払う
- 会社四季報を時々読み，顧客や顧客の業界の情報を仕入れる

人を知る

- 顧客との最初のミーティングで顧客のキーパーソンを見つけ，キーパーソンの力量を見極める
- 顧客の担当者たちの情報を集める。担当分野，性格，興味を持っている分野をつかむ

きちっと対応する

- 要求されたことをきっちりこなす。当たり前だが，結構難しい
- 質問には極力，2日以内に答える。分からない時も，中間でなんらかの返事を返す
- 専門外あるいは他社の製品について質問された場合は，自分で調査して答える
- プロジェクトにあたっては，顧客が担当すべき業務範囲について積極的にアドバイスし，ガイドする
- アプリケーションの話を積極的にする
- 顧客の立場で考えられるように日ごろから努力する

対応に工夫をする

- 顧客へ初めて出す成果物は最高のものを出す。ここで評価を得れば後が楽になる
- 説明する時や，提出する資料の中で，経験を感じさせるような言葉使いを意識的にする
- 顧客と問題を討議する時には，複数の解決案を提示し，顧客が自分で納得して判断できるように工夫する
- 有言実行が基本。黙ってやらずに，顧客に話をしてから実行する
- 顧客内部のグループ間のコミュニケーションがよくなるように橋渡し役を務める
- 顧客の幹部に対して，定期的に仕事の状況を報告する
- 仕事を上手く進めるため，時には仕事の障害となる顧客担当者の弱みを見つけ，牽制する

積極的に提案する

- 積極的に仕事のやり方やシステムの改善策・解決策を提案する
- 顧客を初めて担当してから半年ぐらいの間に，自分で考えた何らかの提案を顧客の部長に提出する。勇気を出して独りで会うこと

営業の活動や方針を知る

- 自社の営業担当者と話し，顧客の情報を集める
- 自社内で開催される年間の販売計画会議などにも出席し，顧客に向けた自社の方針を知る

強くなるために、何を心がけているか」と尋ねた時に得た、生の声をまとめたものである。

彼らが心掛けている事柄は、ビジネスパーソンの常識の類を除いても、非常に広範囲かつ多岐にわたっている。読者の中には、「そこまでやるのか」と思う人もおられるだろう。少なくとも、同業他社のSEを知る上でも参考になると思う。

ここでは、この表と一部重複するが、筆者がSEマネジャだった時に、特に注意してSEに指導していた点を述べる。

自分が会社の代表のつもりで行動せよ　客先においては、SE一人ひとりが自社の代表である。一緒に働く先輩やSEマネジャなどを頼ったり、気にしたりするのではなく、すべて自分の判断と責任で対処するという姿勢が顧客に強くなる基本である。顧客から何か相談されて、「社に戻って上司と相談してから、イエスかノーか返事します」などと言うようでは顧客に強くなれない。逆に、顧客にこたえるために、SEマネジャや先輩を自分が使うのだという気構えと態度が求められる。

顧客が困った時にはとにかく助けよ　顧客が本当に困った時には、自社の力を動員してでも、とにかく助けるという姿勢と、その姿勢を貫けるだけの動員力と発言力が必要である。SEは自社に戻れば、技術面について顧客の利益代表と言える。顧客を助けるためには、たとえ喧嘩をしてでも社内を動かすことである。それが以前に述べた「顧客が51、自分や会社が49」の精神である。

顧客との約束は守れ、守れない約束はするな

当たり前のことだが簡単ではない。顧客からの要請やクレームに対して見通しもないのに、「分かりました」と安請け合いするSEやSEマネジャは多い。彼らは、「たとえできなくても、頑張れば顧客は分かってくれるだろう」と思っているのかもしれない。こうした考え方は禁物である。顧客はSEをあてにして、次の仕事の段取りをしてしまったり、他部門と仕事を進めてしまうからだ。

プロジェクトで顧客の管理職に心配をかけるな

SEたるもの、顧客の責任者に心配をかけずに、新システムをカットオーバーさせることが重要である。技術面で裏打ちされた提案書を作ることはもちろんだが、プロジェクトの途上で、顧客の部長や課長に一対一で会い、状況を報告する。これはSEマネジャではなく、担当SEがこれをやってこそ意味がある。

SEから見たプロジェクトの状況や問題点、見通しを理解してもらえれば、客先の部課長も安心するし、問題点があってもその解決に協力してもらえるようになる。SEの中には、「顧客は説明しなくても分かっているだろう」と勝手に思っているものもいるが、それではプロのSEと言えない。

SEは提案し提言せよ

お客様に提案するのは、「おそれおおい」とか「罪悪」であると勘違いしているSEがいる。これでは顧客の立場で物を考えていることにならない。提案とい

っても、新システムの内容から、プロジェクトのやり方・体制作り、要員教育などさまざまだ。どの領域にせよ、プロのＳＥの目で問題点を指摘し、解決策を提言できれば、顧客は必ず喜ぶ。逆にそれができなければ、顧客から決して頼りにされない。

鉄則16●情熱と思いで顧客に訴える

若手ＳＥは若者らしく裸になって顧客にぶつかれば良い。真剣であれば、少々失敗してもお客様は許してくれるし、かえって信用もしてもらえる。もちろん、「お客様に負けないぞ」という気持ちと、ＩＴに強くなろうとする努力は欠かせない。

若手ＳＥが顧客に対し発言力や影響力を持って、仕事をすることはそう簡単ではない。だれでも経験することだが、顧客の前に出ると緊張して言いたいことも言えなくなる。間違ったことを言ったらどうしようかと悩む。時には心底不安になり、顧客の前で発言するのが恐いとさえ思う。

ＯＳ、データベース、ネットワーク、アプリケーション、顧客の業界について習ったり、少々の実践を経験しても、一連の知識は容易に身に付くものではない。若いＳＥにとっては目の前に断崖絶壁があり、その壁を一歩一歩登るような心境になる。

だが、若手ＳＥといえどもプロである。「俺はとても登れない」などと途中であきらめずに、頂上に向かって挑むべきであろう。このような状況にある若手ＳＥが、顧客に自分を売り込むにはどのように考え、何をすれば良いかについて述べる。

顧客には大企業もあり、中小企業もある。さまざまな人がいる、ＳＥの仕事もアプリケーション開発やインフラの整備などいろいろある。若手ＳＥはさまざまな環境の中で働くことになる。

しかし、仕事の内容が異なっても、普遍的な真理がある。それは、「顧客は誠実で元気がよい、素直に顧客へぶつかって来る若者を評価する。少々ＩＴのスキルがなくても、それを顧客はＳＥが思っているほど気にはしていない」ということである。

したがって、若手ＳＥは顧客よりＩＴに弱いことを気にして弱気や卑屈になることはない。それよりも、きちんと挨拶をする、うそは言わない、いい格好はしない、しっかりした資料を作る、分からないことは分からないと言う、そしてお客様のためになると思ったことは真剣に取り組む。こうしたＳＥを顧客は評価するし望んでいる。

若手ＳＥは顧客の担当者より、自分のＩＴスキルが劣っていると非常にそれを気にする。しかし、どんなに頑張っても、経験豊富な顧客の担当者より優位に立てるものではない。顧客のベテランは経験から来る応用力や洞察力を持っているからだ。気持ちは分からないでもないが、若者ならではの「お客様への思い」と「仕事への情熱」が顧客を動かす。こう信じることが、若手ＳＥが顧客に強くなる道である。

仮に、若手ＳＥにスキルがなくて、顧客に迷惑をかけても、善意の行動であったなら、顧客は許してくれるし、その真剣さを評価してくれる。これは若手ＳＥだけが持つ特権である。

もちろん、ＩＴに弱くていいと言うことではない。日ごろからマニュアルを読み、マシンを使って製品やシステムを知り、適用の仕方や設計のやり方などを若手なりに身に付ける。同時に、論理的に説明できる力や技術のセンスを磨き、顧客に「このＳＥは若いが、なかなかやりそうだ」と思っていただくことも欠かせない。

誇りを持ち、知恵を絞る

顧客に強くなるために、若手ＳＥが心がける点は数多い。特に心すべき3点を述べる。

自分の仕事に誇りを持つ　自分の選んだ仕事に誇りを持ち、「そのうちきっと顧客をリードするぞ」と言う強い意思を持つことである。「我々は出入り業者だから顧客に強くはなれない」などと思うＳＥは、単なるマンパワー提供者の道を歩み、顧客や営業担当者の言いなりになって文句を言わずに仕事をすることである。

知恵を絞り、工夫する　ITのスキルが少々なくても顧客に強くなるために、知恵を絞り、工夫することである。

実例を二つ紹介する。そっけない顧客を担当した若手SEが、なんとか顔を売ろうと思い、顧客の事務所に質問箱を設けた。その結果、情報システム部の人たちから質問をもらえるようになり、急速に親しくなった。

また、若手SEをまったく相手にしない、SE泣かせの大手顧客があった。この企業のシステム担当役員はなにか問題があると、現場の若手SEを無視し、そのSEが勤める会社のトップにクレームの電話を入れることで有名だった。担当になったある若手SEは、「現場も一生懸命やっている」ということを顧客に分からせるために一計を案じた。

毎日、顧客の情報システム部に朝一番で出社し、システム部員の机を掃除するとともに、出社してくる部員一人ひとりにお茶を入れたのである。最後は、システム担当役員がこのSEに頭を下げ、「分かったから、もう止めてほしい」と謝った。それ以来、このSEは顧客から全幅の信頼を得た。

今の若いSEはこういう話を聞くと、「昔だからできたことだ」、「そこまでやるのはかえって嫌みだ」という感想を持たれるだろう。しかし、やり方はともかく、顧客に強くなろうという意思を持って、何かを考え、実行しなければ事態は好転しない。

先輩や前任者と同じことをしない

一流の先輩や前任者なら彼らのやり方を習ったり盗んだりすればよい。だが、不幸にしてそうでない場合は、先輩や前任者のやり方を踏襲してはならない。彼らと同等の二流のレベルにしかなれないからである。逆に、彼らがやっていなかったことをやる発想が重要になる。資料作りでも、会議でも、彼らとは違ったやり方をして、顧客に「今度のSEはやるな」と思わせることだ。

度胸と心で部課長を訪問せよ

そうはいっても、顧客のマネジメントとなかなか口をきけない若手SEが多いと思う。筆者が若い時に強く印象に残っていることを二つ紹介する。

筆者が26歳ごろ、営業所長にこう相談したことがある。「顧客の担当者には忌たんのないことも言えるようになった。だが、部長は恐くて訪問することさえできない。どうしたらよいか」。すると所長は答えた。「馬場はSEのプロである。度胸を決めて訪問し、自分の意見を言えばよい。少々失敗しても、後ろにはSE課長もいるし、その後ろには俺もいる」。これに勇気づけられ、筆者はおそるおそる部長のところへ一人で訪問した記憶がある。

また、先輩の営業担当者が顧客の部長のところへ、若い筆者を連れて行き、「今日は仕事の話で来たのではありません。若いSEと雑談に来ました」と言ってくれたこともあった。

こうして部長と話をする機会を作ってもらい、だんだんと顧客の部課長と話せるようになった。今でもこの二人の先輩には感謝している。

そのころ、筆者は「顧客の部課長はこちらが裸になって話せば必ず分かってくれる。分かっていただけないとすれば、自分に打算があるからだ」という考えを持っていた。ＳＥ時代はこの考えを信じて、数多くの顧客といろいろな討議をしたり、時には喧嘩もした。今でもこの考えは正しかったと思う。

だが、ＳＥマネジャになって、なまじ肩書きがつくと、顧客とは会社対会社の関係になる。こうなると、いかに自分が裸になっても分かっていただくことは難しい。ＳＥマネジャになって、改めてＳＥ時代を懐かしく思ったものだ。

読者の若いＳＥの方はこれらをヒントにして、自分なりに顧客の幹部に体当たりしてみてはどうだろうか。きっと顧客に強くなれるはずである。現在、顧客の部長クラスは自分が若い時に、メーカーやソフト会社のＳＥと格闘した経験を持っている人が少なくない。「最近の若手ＳＥは製品や技術のことばかり考えていて、元気がない」と気にしているのは筆者だけではあるまい。

鉄則17●短期間で自分を売り込み顧客の気持ちをつかむ

第一線のSEは「短期間で」顧客に強くならなければならない時がある。その場合、顧客の幹部に自分を売り込み、相手の気持ちをつかむ能力が要求される。戦略的に物事を考え、知恵を絞る努力と、考え出したやり方を貫く工夫と行動力が必要である。

顧客やプロジェクトを担当するSEは、「短期間で」顧客の気持ちをつかまなければならない時がある。新しい開発プロジェクトのリーダーになった時や、担当したことがない顧客を受け持つことになった時、競合相手の顧客へ売り込みに行く時などがそれである。

この場合、初対面から数回の面会といった短い期間のうちに、できれば1回で自分を顧客に売り込み、相手の心をつかむやり方ができれば、プロジェクトを早く軌道に乗せたり、販売競争に勝つことができる。

それにはまず、SEとしてのしっかりした「顧客観」を持ち、顧客の状況に応じて適切な行動をとることが欠かせない。顧客観があってこそ、顧客の職務や、顧客がSEに期待することが理解でき、顧客の状況に応じて、顧客の悩みや問題点まである程度読め、判断できる。短期間で顧客をつかむことが苦手なSEはまず、自分で信じられる顧客観を身に付けることである。

そのためには、「新しい発想でこれまで自分がやってこなかった新しいやり方を見つけ、それに挑戦する」ことである。通り一遍の普通のやり方をしていては何も変わらない。以下、新しく顧客やプロジェクトを担当した時、販売競争時に、短期間で顧客の気持ちをつかむためのやり方について述べる。

新しく顧客の担当やプロジェクトリーダーになった時はとにかく、「最初が肝心」である。ところが、多くのＳＥは、「今度の顧客はどのような顧客だろうか」、「担当者はどうだろうか」、「どのように仕事を進めようか」とまず考える。そして、会議で開発計画などを顧客に提示し、自分の考えを説明する。同時に顧客の意見を聞いたり、彼らの力を探りながら、プロジェクトなどの仕事のやり方を決めていく。

システム部長や課長にまず会う

だが、往々にして、諸々の意見に振り回され、顧客との関係を軌道に乗せるのに時間がかかったり、プロジェクトのやり方を間違えたりする。これでは顧客も困る。こうしたやり方に無駄な時間をかけるよりも、顧客の責任者である部長や課長クラスに直接あたって、彼らの考えや意見を聞き、その時に自分の考えも言ってきちんと討議するほうが得策である。そして、プロジェクトのやり方を決めたり、顧客にお願いしたい事項などを伝えておく。

例えば、新しく担当した顧客の情報システム部長のところに真っ先に行き、「今度、プロジェクトを担当させていただく○○です。少々お時間をいただけますか」と断ってから、部長と一対一で話をする。その場合、こんな話し方が考えられる。

「プロジェクトのやり方は会社によっていろいろです。わたしは御社の仕事は初めてなので、部長のお考えや、やり方はまだ分かりません。ですが担当する以上、ぜひともこのプロジェクトを成功させ、皆様のお役に立ちたいと思います。すみませんが、部長のお考えや気にされている点、我々が注意すべき点などを教えていただけませんか」。

ポイントはあくまでも顧客のための行動であると強調することと、一対一で話すことである。参加者が大勢いる会議では、部長も本音が言いにくいし、ＳＥも突っ込んだ質問ができない。一対一なら部長は自分の考えを話しやすいし、ＳＥも意見を言え、部長の反応もすぐ分かる。その上、「このＳＥはなかなかやりそうだ」と思ってもらえる。

こう迫っても、仕事を担当者任せにする部長で、部長本人に明確な考えや意見が特にない場合もある。それでも日本のいわゆる縦型社会では、部長に仁義を切っておけば、担当者との仕事がやりやすくなる。つまり、顧客に対して先手がとれるわけである。

その後も、仕事を軌道に乗せるまでは意識して、集中的に顧客を訪問して担当者や部課長に、プロジェクトの進め方や危惧する点などを説明し、意見を交換する。また、担当者や部課長に、「何か困ったことはありませんか」と声をかけたり、他のＳＥにも顧客を訪問してもらう。

つまり、顧客が期待している以上のことを、ちょっとオーバーなくらいまで実行すべきである。こうすることで短期間に顧客の心をつかめ、その仕事のリーダーシップがとれるようになる。

以上のことを、現場のＳＥが実践しようとすれば度胸がいるし苦しい。当然、ＳＥマネジャの応援も必要である。だが、できる限り早いうちに、顧客と信頼関係を築けると、後々のワークロードが減るし、仕事そのものも上手くいく。

かつて筆者は中堅のＳＥだったころから、こうしたやり方をしていた。それは筆者の次のような「顧客観」に基づく行動であった。

- **顧客の責任者は、プロジェクトなど仕事に関して、ベンダーよりもはるかに真剣である**
- **顧客とＳＥは立場は違ってもプロジェクトを成功させるという目的は共通である**
- **顧客はプロジェクトを成功させるために「ＳＥに腹を割って話してほしい」と考えている**

多くのＳＥは、顧客の担当者クラスとは話しても、顧客の部長や課長のところへ飛び込んで勝負することはほとんどしない。すると、顧客の部課長もSEがどんな考えでプロジェクトを進めているのか分からず心配になる。これでは顧客の立場で物を考えるプロのSEとは言えない。

SEは営業担当者と組んで、競合相手のユーザーにシステムを売り込むことがある。そんな時のSEのやることとは、「相手のニーズを正確に理解する」、「ソリューションを提案する」、「分かりやすい資料を提示して説明する」、など非常に多い。

ここでも、重要なのは自分の技術力を顧客に短期間で訴え、顧客から信用されることである。「このSEはすごい」と短期間の間に顧客に思っていただけるかどうかである。販売競争をしている時は、通常のシステム開発とは違って、顧客と何回も会って話ができるわけではない。1回1回の訪問が真剣勝負であり、わずかな面会の機会の中で、自分を売り込む能力が要求される。

そのやり方に王道はない。筆者の経験で効果があったのは、プレゼンテーションをする時に、1～2枚のメモの類は別として、基本的には「資料なし」で説明することである。

すなわち、顧客が検討しているアプリケーションやシステム基盤について、「具体的にどのように実現できるか」ということを、「資料なし」でホワイトボードなどに書きながら、「実例や数値を交えて」、きちっと説明する。こうすると、必ず高い評価を顧客からもらうことができた。

どんなに素晴らしい提案でも、資料を見ながら説明するだけでは、顧客に強い印象を与えられない。もちろん、何も見ないで説明するには、それだけの経験とアプリケーション力とシステム力を持ち、さまざまな事例、顧客の業界の経営数値、業界のキーパーソンの名前などを知っていなければならない。

「資料なしのプレゼンテーション」を、中堅以上のSEは参考にしてもらいたい。挑戦しても損はないと思う。これができると、顧客に「すごい」と思われ、競合他社をリードでき、販売合戦を有利に進められる。

このやり方も、筆者の顧客観から出てきたものである。これは筆者としては不本意ながら次のような顧客観を持っていたからである。

多くのユーザーは、ベンダーの話を疑心暗鬼で聞く。ユーザーのこうした不安を払拭するには、説明の仕方で工夫するしかない。

鉄則18●三つの問題点に注意しプロジェクトに強くなる

プロジェクトはSEの腕の見せ所であり、成功裡の本稼働はSEにとって最大の勲章である。逆に失敗すると、顧客はもちろん、ＳＥが所属する企業にも大打撃を与える。それだけにＳＥの責任は重い。プロジェクトには三つの問題点がつきまとう。

第一線のＳＥはアプリケーションの開発や、システム基盤の構築など、さまざまなプロジェクトを担当する。プロジェクトを成功裡にカットオーバーさせて初めて、顧客から信頼されると言っても過言ではない。

ところが、ＳＥの中には、「俺は兵隊にすぎない。プロジェクトマネジャ（ＰＭ）やプロジェクトリーダーがプロジェクトに強ければそれでよい」と考えるものもいる。確かにプロジェクトに強いか弱いかは、ＰＭやリーダーにとっては非常に重要な問題である。といってメンバーのＳＥが無関係であるわけではない。

プロジェクトにおいては、ＰＭやリーダー、そしてメンバーのＳＥに、それぞれの役割がある。全員が自分の技術力、お客様との関係をうまく保つ能力、そしてチームワーク力を発揮し、自分の役割を果たしてこそ、所定の品質のシステムを所定の期限・コストの範囲内で作り上げることができる。

そのためには、ＰＭはじめメンバー一人ひとりが深さは別にして、プロジェクトの要件の決め方、見積もりのやり方、設計やテストの手法、システム移行の方法、進捗の把握手法など、プロジェクトの基本を理解しておくことが重要である。その上でメンバー全員がお客様の立場で物事を考え、きちっとした仕事を行える。こうしたことができて初めて、ＰＭはＰＭとして、リーダーはリーダーとして、そしてメンバーはメンバーとして、それぞれ「プロジェクトに強い」と言える。

プロジェクト管理そのものの基本の説明は教育機関などに譲るとして、別の側面からプロジェクトに強くなるポイントを説明したい。

プロジェクト管理の基本を知っておく

プロジェクトにスケジュール表は付き物である。ところが、単に要件定義、設計、プログラミング、テスト、移行などと工程名を書き、それぞれの工程にかける期間を1本の線で示した紙1枚のスケジュール表しか作れないＳＥを結構見かける。もっとひどい例では、単体・結合・総合テストの区別も分からないＳＥがいる。

このようなプロジェクト管理の基本が分かっていないＳＥは、プロジェクトに参加する資格はない。こんなＳＥもどきがいるＩＴ企業と付き合わざるを得ない顧客は、プロジェクトにあたって自己防衛策を考えたほうが良い。

スケジュール表は、プロジェクトに参加するメンバーにとって、目に見える「コミュニケーションツール」の役割も持っている。つまり、スケジュール表を見ればプロジェクトにおける自分の位置付けが分かり、自分の作業の遅れが他のメンバーやプロジェクト全体にどのように影響するか、数カ月先に何をしなければならないかが理解できなければならない。

紙1枚のスケジュール表しか作れないＳＥは、お客様を含め数十人のメンバーがそんなものでコミュニケーションができると思っているのだろうか。プロジェクトの規模にもよるが、最低五十〜百の作業項目までブレークダウンしたスケジュール表（できればＰＥＲＴ図）を用意しないと、プロジェクトと称する仕事はうまくいかない。

薄っぺらなスケジュール表しか存在しないプロジェクトは、自分勝手に行動するＳＥが増え、けっしてうまく進まない。また、テストの定義を理解していないようなＳＥは、何をもってシステムの品質を評価しているのだろうか。問題が起こらないほうがおかしい。

きっと彼らは、先輩のやり方を見よう見まねで習い、そのまま「我流」でプロジェクトをやっているのであろう。それはすぐに止めて、研修を受けるなり、解説書を読むなどして基本を学ぶべきである。ゴルフや囲碁でも基本ができていないとあるレベル以上に上達しない。我流のやり方ではせいぜい二百〜三百人・月のプロジェクトしかできない。それ以上の規模のプロジェクトに手を出すと、とんでもないトラブルを引き起こしかねない。

提案時に技術面の課題を詰めておく　プロジェクトで問題が起こるのは、提案段階に技術面の課題やプロジェクトのやり方をしっかり詰めていない場合が多い。プロジェクトの提案時と実施時を切り離して考えてはならない。ＳＥは自分が力不足だと思ったら、応援を頼んでも、提案段階で詰めるべき点をしっかり詰めることである。

プロジェクトは提案の段階からもう始まっている。物事はすべて出だしが肝心である。提案時にＩＴについてはもちろん、プロジェクトのやり方も十分に討議し、問題点や注意点を把握して、解決策を顧客にそれとなく打診するところまでやるべきである。そうして、「これで大丈夫」と顧客に自信を持って提案するくらいでないといけない。そうでないとプロジェクトの途上で必ず顧客に迷惑をかける。

一般に、プロジェクトを顧客に売り込んだＳＥが引き続きそのプロジェクトを担当するとトラブルが少ない。しがたって、ＳＥは「売るのは営業、我々は営業が受注してきたプロジェクトをやればよい」などとと考えてはならない。可能なら販売活動に積極的に参画することである。それもまたプロジェクトに強くなるポイントである。筆者の経験では、販売活動に強いＳＥは対人関係に強いためか、プロジェクトそのものにも強い。

利用部門のことを考えているか

オープンシステムの時代になり、メーカーやソフト会社のＳＥは利用部門と直接プロジェクトを進めるケースが多くなってきた。ここで問題は、利用部門のＩＴ知識のレベルを考えて、ＳＥがプロジェクトを進められるかどうかである。

利用部門のメンバーはＩＴの素人であることが多い。したがって、ＳＥはそのことを考えてプロジェクトを進めるべきである。だが、筆者が見る限り、多くのＳＥはこの点についてお構いなしで、情報システム部門を相手にしていた従来と同じようなやり方でプロジェクトに臨んでいる。

相手が理解できない専門用語を使って説明したり、システム開発の経験がない顧客に、「これは皆さんが決めた要件ですから、もはや変更できません」とか、「来週までにテストデータをもらえないとプロジェクトの予定が遅れます」と言い放ったりする。とてもはたで聞いていられないような乱暴なやり方をするSEが現実にいる。「ITを知らない利用部門が悪い」と思っているのか、彼らをシステム開発の経験豊富な人だと勘違いしているのか。とにかく、これは横暴以外の何物でもない。

心あるSEならプロジェクトの最初に、利用部門に対して説明会や勉強会を開き、プロジェクトに必要なIT知識やシステム開発の手順ややり方、利用部門側で注意してほしいことを説明する。特にプロジェクトにおいては、ユーザーでないとできない作業がある。この点についても、利用部門に丁寧に説明しておく。

さらに、利用部門へ依頼する事項については、必ず前もって話しておく。それがプロのSEである。利用部門は実務を持っており、急なお願いをしても対応できないからだ。だが、現実にはSEの気配り不足の結果、困っている利用部門が多い。これは人災である。

鉄則19 ● 知恵と工夫をこらしプロジェクトと闘え

プロジェクトに強いSEになるには、SEとしての使命感と、プロジェクトと闘う心が必要である。こうしたSEが、知恵と工夫を凝らし、そつなく仕事をこなして初めて、所定の品質・期間・コストの範囲でカットオーバーできる。

筆者はプロジェクトに強いSEを育てるには、三つの側面で考えるべきだと思っている。

一番目は言うまでもなく、「プロジェクトマネジメント」そのものである。プロジェクトをマネージするには、開発標準とか開発共通フレームといったシステム開発の基本形をしっかり身に付けなければならない。

こうした知識は、プロジェクトを行う時の〝いろは〟であり、当たり前のことである。それでも最近のSEの中には、開発計画や報告書をまともに作れないSEがいる。結合テストと総合テストの違いも分からないのにSEを名乗る者も結構いる。こうしたSEもどきを抱える企業は、SEがプロジェクトに強いとか弱いとか言う前に教育をやり直したほうが良い。

問題はその次である。多くの人は開発手順や各工程のやり方、進捗管理の方法などプロジェクトマネジメントの技術論を学べばプロジェクトができると思いがちである。ところが、現実はそう簡単ではない。

　プロジェクトをマネージできるようになるには、技術論に加えてプロジェクトに関する原理原則も身に付けなければならない。プロジェクトの原理原則とは、プロジェクトを行う際の注意事項あるいは〝格言〟の類である。「プロジェクトにおいては指揮命令系統が重要」、「参加者全員が自分の位置付けを常に分かるようにしておく」、「プロジェクトは始めが肝心」、「プロジェクトの期限を延ばすときには、思い切ってバサッと延ばす」などである。

　こういった原理原則は講習や研修だけではなかなか身に付かない。ある程度プロジェクトの経験がないと、原理原則が持つ真の意味や応用の仕方が分からないからである。経験豊富なプロジェクトリーダーならだれでも数多くの原理原則を自分なりに持っており、その原理原則を彼らは非常に大切にしている。原理原則をたくさん持っているSEほどプロジェクトに強いと言っても過言ではない。

　プロジェクトに強いSEの二番目の側面は、鉄則8で述べた「政治力」である。プロジェクトにおいては、「体制をうまく作れない」、「要件が膨らみそうだ」、「バグにぶつかった」、「時間が足りない」、「金が足りない」、「顧客と話がうまくかみ合わない」、「ピンチなのに現場のSEに緊張感がない」など、さまざまな問題が起こる。

　問題に直面した時には、社内の関係者や顧客、プロジェクトメンバーを動かして問題を解決しなければならない。周りの人を自分の思った筋書き通りに動かすための戦略的な力、交渉・かけひきの力が欠かせない。それが政治力である。

三つ目の側面は、「第一線のＳＥとしての基本」がしっかり身に付いているかどうかである。言い換えれば、顧客から信頼される力を持っているかどうかである。

すなわち、ＳＥの任務である「顧客の満足とビジネス目標の達成」を自覚している。顧客の立場で物を考えられる。分かりやすい資料を作れる。顧客の部課長とも物怖じせず話せ、顧客の中に飛び込める。こうした実力を備えているかどうかである。

以上の「三つの側面」の力があって初めて、プロジェクトに強いＳＥになれる。注意すべきは、「第一線のＳＥの基本」である。どんなに技術力と政治力を兼ね備えたＳＥでも、顧客との間に信頼関係を築けなければ、プロジェクトがうまく行くはずはない。

ＳＥの中にはプロジェクトマネジメントの技術論は熟知していても、顧客と意見がぶつかればすぐ壁を作るとか、顧客に合ったやり方で臨機応変にできないＳＥがいる。あるいは技術力はすごいが、顧客の言う通りにしか仕事をできない者もいる。こうしたＳＥたちは往々にして、「自分はプロジェクトの力がある。技術力もある。にもかかわらずプロジェクトが進まないのは、顧客が悪いからだ。いや、商談をとった営業担当者が悪い」などと言い勝ちである。しかし、人間相手のプロジェクトは技術のように単純ではない。

図●プロジェクトに強いSEの能力構造

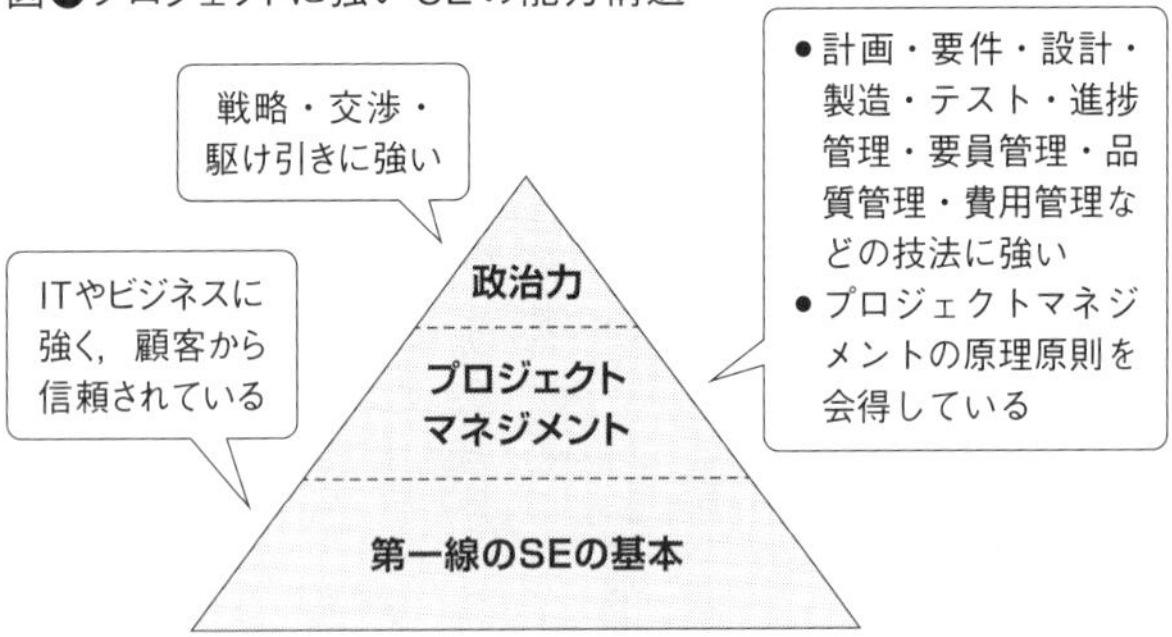

プロジェクトに強いSEの能力構造を図にまとめた。「第一線のSEの基本」が土台となり、その上に「プロジェクトマネジメント」の能力を持ち、さらに「政治力」がある。これがプロジェクトマネジャやリーダーが持つべき能力の構造である。読者の周りを見てもプロジェクトに強いと言われるSEは土台がしっかりしており、プロジェクトマネジメントの技術論と原理原則に強く、政治力もあるはずだ。

プロジェクトに強いSEが少ないと言われるのは、筆者から見れば第一線のSEとしての基本ができていない、あるいは政治力のあるSEが少ないためだろう。どこのIT関連会社でもプロジェクトマネジメントの技術論は相当数のSEが知っていると思う。だが、図で示した三つの能力を兼ね備えたSEになると、全体の10～20％くらいしかいないはずだ。

プロジェクトに強いSEは、このほかにもさまざまな条件が要求される。

一つは、積極性や闘争心である。「なにがなんでも所定の品質・期間・コストの範囲でプロジェクトを成功させるぞ！」という強い意志を持ち、闘志と挑戦意欲を前面に出してプロジェクトに取り組むことがなによりも重要である。「与えられた仕事をすればよい」などという消極的な態度や、「コストさえ守れば多少の遅れも許される」、「レスポンスが不安だが時間がないから仕方がない」などといった考え方は厳禁である。

プロジェクトを担当していると、困った時、情けなくなる時、顧客や社内の人が敵に思える時がある。心身とも疲れ果てる時もある。そんな時に悩み、落ち込んでいてはプロとは言えない。自分を奮い立たせる闘争心があってこそ、乗り越えられる。

ところが、最近のプロジェクトを見ていると、闘争心に欠けたＳＥが散見される。口では「予定通りやります」と言っていても、なにがなんでもカットオーバーさせるという姿勢や意気込みが見えない。こうしたＳＥは、まずい状況になればすぐ、「顧客の問題だ」、「会社が悪い」、「○○の責任だ」などと責任を転嫁する。これでは顧客を引っ張れないし、プロジェクトチームの輪が乱れる。こんなＳＥならいないほうがはるかによい。

日ごろから意識してスキルを高める

また、SEが心がけるべきことや陥りやすい点を知り、日ごろから意識して仕事をすることである。一例として、あるシステムインテグレーターの中堅SE十数人が心がけている事項を表に示したので参考にしていただきたい。内容は大小さまざまであるが、要はプロジェクト管理の技術論にとどまらず、細かい点についても気を配り、知恵を絞り工夫を凝らすことである。さらに、筆者が現役時代に注意していた点を述べる。

①安請け合いは厳禁　SEは自分でできないことは恥だと思い、つい安請け合いをする。だが、プロジェクトは一人でやっているのではない。やると言ってできなかった時にはチームが迷惑する。保守的になっても困るが、時には勇気をもって「ノー」と言う態度も必要である。

②問題を抱え込むのは厳禁　同じようにSEは問題が起こればそれをなんとか自分で解決しようとして、問題を抱え込む傾向がある。善意とはいえ、これも厳禁である。解決できなかった時にプロジェクト全体に悪影響を与えかねない。問題があったら、チーム内でオープンにしてから取り組むこと。

③精神論による見通しは禁物　よくある話だが、スケジュールが遅れてきた時に、「あと3カ月しかないが大丈夫か」と聞かれて、根拠のない精神論から「頑張りますから大丈夫で

表●プロジェクトに強くなるために日ごろから心がけるべき点

• 勉強する

1. 研修や解説書を活用し，プロジェクト管理の基本を身に付ける
2. 小規模プロジェクトを最初から最後まで自分でやってみる
3. 雑誌，市販本，社内資料を読んでプロジェクトに関連する情報を得る
4. 経験者と一緒に仕事をしてノウハウを盗む
5. 失敗したプロジェクトのメンバーに雑談がてら経緯を聞いてみる
6. プロジェクト終了後に自分でレビューし，経験したことをまとめておく

• 自分の仕事をしっかりやる

1. プロジェクトの基本をできる限り忠実に実行する
2. プロジェクトの中の自分の位置づけを積極的にとらえ，自分で自分の仕事の範囲を決めない
3. 提出物の期限は必ず守る
4. 毎週，仕事の質と作業量を考慮してスケジュールを立てる
5. 少々分からないことがあっても気にせず，前に進む
6. 周りのSEやパートナ企業のSE，顧客の担当者の状況に気を配る
7. 常に本稼働時のイメージを抱く
8. ドキュメンテーションに気を使う
9. あらゆることの確認を怠らず，言いっぱなし，やりっぱなしはしない
10. 契約内容の条項や原価などを理解する
11. 常に「バグは皆無」を目指して仕事をする
12. 先進技術の活用に走りすぎて，コスト割れを起こさないように注意する
13. プロジェクトの初期段階で，技術的にも業務的にも，プロジェクトの先行きを検討してみる
14. 本稼働日から逆算してスケジュールを検討し，クリティカル・パスを見つける
15. 人間関係やチームワークに気を使う

• 顧客とうまく付き合う

1. 自分に都合のいい基本的な考え方や方針を作り出し，お客様に納得させてしまう
2. 顧客との会議でできるだけ発言する
3. 会議では，顧客に対し常に提案を出し，否定的な相談は絶対にしない
4. 議事録をとり，お互いの考えを確認しておく（ただし，議事録をタテにはとらない）
5. 「顧客は代案を出さない，物事を決めない，やり方を変えたがる」ということを受け入れる
6. 顧客の部課長の責任者に定期的に状況を報告する

• 常に状況に注意する

1. 各種の計画書，設計書，進行状況など，プロジェクトに関する書類には必ず目を通す
2. プロジェクトの全体の流れを常につかんでおく
3. プロジェクトのレビューに出席し，そこで出る意見を理解する
4. 議事録は常に読み，内容を理解する（特に新人には重要）

す」と答えるSEが多い。やり方を変えない限り、向こう3カ月でこなせる仕事量は過去3カ月でやれた量と同じかそれ以下である。この簡単な理屈が分からないSEが多い。

④ベテランでもレビューしてもらう どんなにベテランでも人間、技術面で勘違いや思い込みをたまにはする。他のSEにレビューしてもらうとそれが分かる。ベテランほど失敗すると大きな問題になりやすいから要注意である。常に、「問題がないはずはない」と思う謙虚さが大切である。

⑤キーの数字は頭に入れておく 日ごろからプロジェクトの事例に注意を払い、プロジェクト規模と開発期間の関係、各工程の期間比率、各種の生産性の数字、システムのパフォーマンスにかかわる数字などを頭に入れておく。こうした指標が頭に入っていると、計画段階や設計時に大きなミスを起こさなくなる。顧客に何か説明する時でも説得力があり、顧客に安心感を与えることができる。

鉄則20●プロジェクトは出だしがすべて

プロジェクトで何よりも大切なのは、出だしである。出だしでつまずいたプロジェクトを立て直すことは容易ではない。まず、自分を顧客に売り込んで顧客の心をつかむともに、プロジェクトの先行きを考え抜いて、シナリオを書く必要がある。

筆者は現役のSE時代、「プロジェクトの開始は終わりの始まりである」と考えていた。プロジェクトの立ち上げにあたっては、そのプロジェクトで開発するシステムをきれいにカットオーバーさせ、プロジェクトをきれいに終えるにはどうすればよいかを考え抜いたものである。以下、筆者がプロジェクトの出だしにかかわる原理原則として、いつも注意していた事柄を述べたい。

自分を売り込み、顧客の心をつかむ

新しいプロジェクトを担当したらリーダーはまず自分を短期間で顧客へ売り込み、顧客から信用されるように努力しなければならない。それには顧客に「彼はやるな」と思われる行動を意識的にたたみかけて実施することである。

例えば、顧客やプロジェクトの状況について自社内で聞いたり勉強した後、直ちに顧客を訪問して分からない点を聞く。顧客の支店など現場を見せてもらう。顧客の部課長から直接、プロジェクトの考慮点を聞く。プロジェクトの進め方などを話し合ったら、その内容を整理し自分の意見を添えて翌日には報告書を提示する。こういった顧客の意表をつく行動を精力的にかつ短期間に集中して行うことである。

これに時間をかけてはならない。できるだけ短期間に自分がいかに顧客のために役立とうと努力しているか、その姿勢を顧客に訴え顧客の心をつかむことが重要である。すると後は、自分たちのペースでプロジェクトができるようになる。

筆者はSE時代に上司から新たな顧客をアサインされた時には、翌日の朝一番に必ず顧客を訪問し、キーの部課長にこうお願いした。「わたしは今度、○○プロジェクトを担当します。ただなにぶんにも御社で仕事をするのは初めてなので、御社の仕事のやり方が分かりません。プロジェクトをやる以上、できるだけお役に立ちたいので、我々が注意すべき点や部長が考慮されている事柄などを教えて下さい」。

こう話して、「ノー」と言われたことはただの一度もなかった。むしろ、かえって喜ばれ、いろいろと教えてもらえたし、プロジェクトが始まってからも知りたいことを尋ねると親切に対応してもらった。

訪問のポイントは〝翌朝一番〟である。ぜひだまされたと思ってやってみてほしい。顧客の部課長から考慮点や注意点を聞けなくても、自分の真剣さを訴えることができ、その後の展開が必ず変わってくるはずだ。

プロジェクトの先行きを読む

次に重要なのは、「このプロジェクトはこうすればやり遂げられる」というやり方を見つけることである。プロジェクトは闇雲に進めるものではない。プロジェクトの期間や規模、難易度、自分たちの力、顧客の力、開発するシステムの品質、開発テストなどを考えながら、「プロジェクトを読む」必要がある。

「このやり方をすると3カ月先にはこうなって、カットオーバー時はこうなる。それでは危ない。別のやり方ではどうなるか」といった具合に、頭の中で試行錯誤を重ね、プロジェクトの最初から最後まで全体の流れを見通す。将棋や囲碁における読みのようなものである。プロジェクトの最初から最後まで全体の流れを見通す。

するのではないか。

自分を顧客に売り込む活動と並行してプロジェクトを読むと、〝読み〟の中で顧客にこうやってもらったほうがプロジェクトがうまくいくという事柄について、「これはこうできませんか。理由はこうです」と顧客に説明しやすいし、理解も得やすい。

プロジェクトの成功につながるということが分かれば、顧客は少々のことはやってくれるものだ。逆にプロジェクトの最初から自分と顧客との間に壁を作り、自社が受注した範囲だけを考え、「これはお宅、これは当社」などと決めるようなやり方は顧客から決して喜ばれない。

プロジェクトを読み、顧客にお願いする点はお願いしながら、最後には、「このプロジェクトは少々見えない点もある。だが、このやり方なら何とかできる」と言う答えを見いだす。この一連のプロセスがプロジェクトの中で最も重要である。この〝読み〟はリーダーのみならず、キーのメンバーも一緒になって実施すると意思が統一でき、プロジェクトチーム全体がまとまる。

キーのメンバーが揃うまで動かない

最低限のキーメンバーが揃ったら、一気にプロジェクトを立ち上げることが肝要である。往々にして、キーメンバーが揃わないのに、顧客にせっつかれたり焦ったりしてプロジェクトを始めてしまうリーダーがいる。それは厳禁である。

プロジェクト初期の計画・設計段階は一度にさまざまなことを考えて進める必要がある。中途半端なメンバーで作業を始めた結果、初期段階の作業に欠ける部分があると、後で問題を起こし、計画や設計の変更を余儀なくされ混乱を招く。

途中からキーのメンバーが参画すると、チームワークを乱すこともある。それに、だらだらと立ち上げたのでは顧客に不安を与えやすい。逆にキーのSEが揃うまで待ち、それから一気に立ち上げると、顧客から「やるな」と思われ、こちらのペースになるものである。

「そうは言っても、顧客に催促されたらどうするのか」と考える人もいるだろう。その時は自分の売り込み活動やプロジェクトの先読みに工夫を凝らせば、ある程度の時間は稼げるはずだ。プロジェクトは「我慢と思い切り」の決断の連続である。この決断が楽しめるようになったら、一流のリーダーと言える。

無理な体制の結果は見えている

言うまでもなく、プロジェクトの体制作りにあたっては、開発するシステムの規模や複雑度などを考えるべきである。頭数が揃えばよいのではなく、あくまでも「質×量」である。できれば、キーのSE同士はSEの価値観が合っていてお互いの力を知っていることが望ましい。

だが、どんな大手のインテグレーターであっても、そう簡単には適切なSEが集まらず、プロジェクトリーダーは常に苦労する。そしてリーダーは悩み、上司に「プロジェクトの体制を強化して下さい」と頼むことになる。それでもなかなかうまくいかない。

するとリーダーの中には、「このメンバーだけではとても無理だ」と分かっていながら、

「会社が決めたことだからやるしかない」と突撃する人も出る。だが、その結果は見えている。リーダーに自信がないのに、メンバーや顧客を引っ張れるわけはない。変な妥協をするより、上司や関係者を説得することに頭と体を使うべきである。

例えば、自社内でプロジェクトに強く、発言力のあるベテランに体制のレビューを頼み、ベテランから客観的なレビューコメントをもらい、それを上司や関係者にぶつける。それでもダメなら、顧客に働きかけて、自分の上司を動かしてもらう。こうした工夫もせずに、あてがいぶちの体制で突撃し、大赤字になったり顧客に迷惑をかけたのでは、第一線のＳＥとして論外である。要は責任感と度胸である。

鉄則21 ● ビジネスに強いＳＥは顧客に信頼される

販売活動やシステム開発にあたっては、ビジネスを意識して取り組む姿勢が重要である。売り上げや利益目標を覚えておいたり、営業担当者と積極的に話をすべきだ。ＳＥは技術者といえども、常にビジネス目標を追いかけるべきである。

第一線のＳＥは「ビジネス」に強くないと、ＳＥの任務の一つである「会社や部門のビジネス目標達成」に貢献できない。ビジネスに強くなると、社内や協力会社に対して発言力が強くなり、プロジェクトでピンチの時などにＳＥを動員できるようになる。

だが残念ながら、ＳＥの中にはビジネスに対する認識が薄く、顧客からクレームを受けても「売った営業担当者が悪い」と考えたり、自社のビジネス目標達成に無関心なものが散見される。それどころか、会社や営業担当者に「仕事をやらされている」といった、被害者意識すら見え隠れしている。

読者のＳＥの方からは当然反論があろう。「我々はプロジェクトで徹夜も辞さず、毎晩遅くまで頑張っている。それなのにビジネスマインドがないとは、まったく冗談ではない」と言いたくなると思う。

その気持ちは分かる。だが、経営者や営業担当者たちはこう考えている。

「ＳＥが責任を持ってプロジェクトをきちっとやるのは、ＳＥの仕事だから当たり前だ。苦労しようがしまいがそれはＳＥの問題である」。

「ＳＥにビジネスマインドがないというのは、そんなことではない。一緒に働いているＳＥに、ビジネスを頑張ろう、ビジネス目標を達成しよう、という姿勢が見られない。このことを批判しているのだ」。

まだ異論があろうが、周りの多くの人々はＳＥをそのように見ているということを謙虚に

表●SEのシステム開発と販売活動の特徴の比較

	システム開発	販売活動
仕事にかかわる職種	SE中心	営業中心
仕事の対象	ハード・ソフト相手	人間相手
仕事の姿勢	受身的	能動的
仕事上の物の見方	ミクロ的	マクロ的
仕事の柔軟度	完ぺき主義	臨機応変
対人処理能力	弱い	強い
キャリアのタイプ	スペシャリスト傾向	管理者傾向

受け止めるべきであろう。周りからビジネス戦力として見られないＳＥは単なるマンパワーであり、プロ失格である。要は、顧客に責任を持ち、プロジェクトがしっかりでき、ビジネス目標の達成に積極的に取り組む。これがビジネスに強いＳＥである。

販売活動でビジネスに強くなる

ＳＥはビジネスに強くなるために、時には販売活動をしたほうが良い。もちろん、顧客から契約をとるのは営業担当者の仕事であり、ＳＥはもっぱら販売活動を支援することになる。

表はＳＥのシステム開発と販売活動の特徴を比較したものである。販売活動はシステム開発に比べて、営業部門と一緒に仕事をする機会が増える。必然的に顧客とビジネス上のことでやり取りすることが増え、ビジネス目標を意識するようになる。こうしてビジネス感覚が養われる。

販売活動は相手が人間である以上、ＳＥは能動的に活動し、対人関係の処理能力も駆使しないと、うまくいかない。顧客に新システムを提案するにしても、技術面だけでなく、自社のビジネス目標の達成度合いや売り上げ・利益なども考えなければならない。資料も分かりやすくしないと顧客に意思が伝わらない。説明力も必要になるし、交渉力や度胸も身に付く。

一方、システム開発はハードとソフトが相手である。ＩＴには強くなるが、失敗してはならないという守りの姿勢や減点指向になりやすい。こうなると、なかなか攻めの姿勢が身に付きにくい。

つまり、販売活動もＳＥの成長にとって重要な意味を持っている。システム開発だけでは身に付きにくい能力を獲得できるわけだ。念のために言うが、プロジェクトマネジャにとって必須の能力も養える。

したがって、ＳＥの方々は上司と相談し、時間をねん出してでも、販売活動をやったほうが良い。やってみると分かるが、販売活動は非常に面白く、新しい自分を発見する機会にもなる。カットオーバーというプレッシャーをいつも感じて仕事をするシステム開発に比べ、一種の開放感がＳＥにとってはある。「俺は技術者で物売りではない」などと妙な意地を張るまえに、一度挑戦してみてはどうだろうか。

これだけはやってほしい基本

ビジネスに強くなるためには、販売戦略の立て方、販売活動やプロジェクトにおける顧客対応のやり方についてポイントがいくつもある。今回はこれからビジネスに強くなろうとする若手SEや中堅SE向けに、これだけはやってほしいと思う基本事項を述べる。

売り上げや利益目標ぐらいは覚えておけ　第一線のSEなら最低限、会社や部門の売り上げ・利益の年間目標はもちろん、毎月の達成率や担当顧客ごとのビジネス計画を常に知っておくべきである。

往々にして会議などで売り上げ目標額を聞かれても答えられないSEが多いが、それではビジネスマインドがないと批判されても文句は言えない。これはビジネスに強い弱い以前の問題である。数字を忘れやすい人は売り上げ、利益目標などをメモにとっておくこと。IT用語を覚えるのに比べればはるかに容易なはずだ。

販売活動を積極的に行え　販売活動をすれば、前述したようにビジネスマインドが生まれ、ビジネスに強くなっていく。もちろん、販売活動をやれと言っても、「どんな手段を使っても、売れればよい」といった、セールスパーソンになれと言うわけではない。あくまでも、SEとして「顧客が51、自分や企業が49」の精神を忘れずに、顧客が抱えている問題の解決策を提案し、それを具現化する力で勝負すべきである。

顧客と積極的に雑談をせよ　ＳＥは顧客で仕事をしている時に、顧客の方々と雑談やさまざまな話を積極的にしたほうが良い。すると、顧客は営業担当者に言わないことでも、ＳＥに気楽に話したり、相談してくれる。これが思いもしない、新プロジェクトの立ち上げやリピート受注の話に発展し、ビジネス上プラスになることが多い。日ごろから意識をして工夫をすれば、顧客と話をする機会は結構ある。これを余分な仕事だと思っているようではビジネスに強くはなれない。

営業とSE的な話はするな　営業担当者や営業部門のマネジャと話す時は、ＩＴやプロジェクトに関する難しい話は厳禁である。意識して売り上げや利益目標や達成率などの数字を使って話すこと。少々間違えてもいいから、担当している顧客のリピート受注や新規プロジェクトに関する売り方など、ビジネスの話をすることが肝要。すると「あのＳＥは、ビジネスマインドがある」と見られるしいろいろと教えてもらえるようになる。

利益やコストの仕組みや契約条文などを勉強せよ　ＩＴやシステムに強いＳＥでも、売り上げ、経費、利益などの仕組みや契約書の条文の基本事項には意外と弱い。このあたりを理解していないとビジネスに強くはなれない。意識的に勉強をして営業担当者やＳＥマネジャなどとキチッとした会話ができるようになるべきである。

会議で積極的に発言せよ　一般にＳＥは営業担当者などが集まった会議では発言しない傾

向がある。こうした態度は厳禁である。自分の意見を積極的に言うべきである。すると、ビジネスに前向きなSEと見られるし、自分も言った以上はそれを必ずやろうと思うようになり、だんだんとビジネスに強くなる。ビジネスの世界では黙っているのは美徳ではない。

鉄則22●ビジネスに強いSEは堂々と大仕事ができる

ビジネスに強いSEは、技術一本槍のSEに比べ、はるかに大きな仕事ができる。プロジェクトが難航したときは、社内外からSEの応援をもらったりして火消しができる。社内の営業担当者とも対等に付き合え、営業の言いなりの仕事をしなくてもすむ。

ビジネスに強いSEは、そうでないSEに比べ、難しいプロジェクトや、より大きな仕事ができる。しかも、社内の営業担当者と対等に仕事ができ、「営業の言いなりになる」といった被害者意識とは無縁で、生き生きと働ける。するとSE稼業も面白くなる。第一線のSEたるもの、ビジネスに強くなって、堂々とビッグプロジェクトなど、より大きな仕事にチャレンジしていただきたい。

なぜ、より大きな仕事をこなせるようになるのか。ビジネスマインドのあるSEは、営業担当者や営業幹部から頼りにされる。その結果、そのSEの発言力は強まる。プロジェクトが難航して、ピンチを迎えた時でも、社内外での発言力があれば、社内あるいは協力会社からSEを動員して、開発の遅れを取り戻せる。スペシャリストなどに応援をもらい、問題を解決することもできる。仮に、自分の力だけで社内を動かせないときには営業部門も応援してくれるはずだ。

言うまでもなく、社内外から応援してもらう前提として、SEはしっかりした技術力を持っていなければならないし、社内外のSE部門と仲良くしておくことが大切である。いくら営業部門の受けがいいSEでも、技術力を疑われては、SEの応援や増員を要請しても、相手のSEマネジャやSEがそう簡単には納得してくれない。

それでも強引にやれば、1回目は助けてくれるだろう。しかし、技術力がなく起こるべくして起こった問題であることが分かると、2回目、3回目からはイソップの「狼少年」と同様に、だれも助けてくれなくなる。要は助けてもらっても恥ずかしくない仕事をやれる力を持つべきである。

社内や関係会社との人間関係も無視できない。「あのSEはビジネスに強いし、技術力もあるが、どうにも生意気で気に食わない」と思われては、うまくいかない。上司や仲間の

SEとの良好な関係を築いておくのはもちろん、関連部門や協力会社にも時々は顔を出して雑談したり酒を飲んだりしておくことも欠かせない。

すなわち、ビジネスに強く、技術力もあり、人間関係も良好なSEに対しては、周りが「あのSEが言うのだから、よし応援してやろう」と思うものである。すると、いろいろなSEの応援がもらえ、問題を未然に防げるし、仮に問題が起こっても短期間にその火を消せる。そして、顧客から評価され、信頼を得て仕事がやりやすくなる、という良循環が起こる。

だが、SEの中には、困った時に上司にSEの応援を頼み、それがうまくいかないと、「これはSEマネジャの問題だ、俺の問題ではない」と考える者もいる。また、応援をもらえなくて仕方なく一生懸命頑張っている時に、その姿を見た顧客から「あのSEはよくやっている」と言われて、自分の力のなさを忘れて自己満足するSEもいる。

このようなSEが結構多いが、彼らは自分に社内などを動かす力がないことを反省すべきである。プロジェクトや顧客の状況に最も詳しいのは現場のSEである。中堅やベテランのSEならば、自分でSEマネジャや関連部門を動かせないと、顧客のシステムに対する責任をまっとうできない。いくら技術力があっても、いざというときに周りのSEの応援をもらったり動員ができないようでは、結局は顧客に迷惑をかけることになる。

さらに、ビジネスに強いSEは営業担当者とのチームワークもうまくいく。そして「1(営業）＋1（SE）＞2」の仕事ができる。だが、この世の中はしっかりした営業ばかりではない。ITの知識がほとんどない営業や、わがままな営業もいる。そんな時は頭に来る。「もっと勉強してくれ」と文句も言いたくなるし、営業課長に「あの営業をしっかり指導してくれ」と注文もつけたくなる。時には、SEの都合を考えない販売活動をする営業担当者の邪魔をしたくなる。

ビジネスに強いSEなら営業担当者や営業課長などに対してそれができる。というのも、ビジネスに強いSEはしっかり顧客を握っており、営業にとってビジネス目標の達成に役立つからである。また、顧客に対し営業担当者よりも発言力があるから、度胸のあるSEなら駄目な営業の販売活動の妨害すらできる。すなわち、ビジネスに強いSEは、営業に対しても強いのである。

ところがビジネスに弱く、営業担当者に弱いと、SEは何もできない。馬鹿な営業が「売らんかな」の提案をしたり、SEの仕事について顧客に勝手なことを約束してきても文句が言えないし、文句を言っても通らない。それでは「1＋1＞2」の仕事はできないし、顧客にとってもいい迷惑である。そして、SEの精神衛生も悪くなる。

第一線のSEたるもの、ビジネス目標を達成し、顧客に満足いただくためには、下手な営業担当者と組んだときはその営業担当者を動かして仕事を進めたり、その営業と喧嘩ぐらいできなければプロとは言えない。

SEは「二面性」が必要

ただし、SEがビジネスに強くなろうとすると、一度はぶつかる壁がある。販売活動でどの程度営業担当者に協力するか、どの程度良心的な技術者として顧客の側に立つのか、悩むのである。

販売活動をする時、SEは技術的な観点で提案するシステムやシステム開発計画を作る。同時に、何を提案すれば競合他社に勝てるか、他社の提案内容はどうか、金はどうする、顧客のだれを攻めるか、SEはどう動けばよいか、といったことも考えなければならない。すると、時には商談に勝つために、顧客の意向を無視したくなることさえある。

筆者がSEマネジャ時代に、若手のSEとこんなやり取りをしたことがあった。このSEは、社内の販売戦略会議などでは営業担当者顔負けの意見を言っていた。ところがある時、こう質問してきた。「わたしは先日、お客様へ営業と一緒に提案に行きました。でも技術的にできないことを、できます、とは言えず、お客様の前で言葉を濁さざるを得ませんでしたし、お客様にいいことばかりは言えなかったです。第一線のSEとしてこれで良かったのでしょうか」。

筆者はこう答えた。「めぐみさん、それでOKです。SEはあくまでもお客様に対しては、技術者として行動することが大切です。同時に社内ではなんとか売らなければならない、どうやれば勝てるか、負けてはならない、と考えて行動をするべきです。ただ、こういうことばかり考えていると意識過剰になって、お客様の前で変な発言をするSEもいるが、それは厳禁です。つまり、SEには二つの顔が必要なのです。社内では営業と一緒にビジネスを追いかける。でも、ひとたび顧客の前に出たら技術者でなければなりません。これができなければ決してビジネスに強いSEにはなれません」。

顧客から見ると、SEはあくまでも技術者であり仲間である。営業担当者と一線を画さないと、SEそのものの存在価値がなくなる。顧客から「あれは営業的なSEだ」と思われたら、決して信頼されない。

筆者は当時、これを「SEの二面性」と言っていた。SEは、社内と顧客の両方から信用されて、初めてビジネスに強くなれる。どちらか一方だけの顔で行動したのでは、顧客に信頼されないか、営業担当者に信用されないかのどちらかである。

販売活動を経験したSEならだれでもこのことで悩んだはずである。だが、第一線のSEはこれを乗り越えなければならない。もちろん、二面性と言ってもSEはあくまでもSEである。「顧客が51、会社や自分が49」の精神は忘れてはならない。

鉄則23● 日ごろの地道な努力が新しい自分を作る

ＳＥはビジネスパーソンの常識や日ごろの仕事のやり方に関しても強くならなければならない。惰性やマンネリで仕事をするのではなく、自分が改善すべき点を意識して仕事を進め、自己の能力の向上を図る必要がある。

　ＳＥが日ごろの仕事をやる上で心掛けることはたくさんある。期限を守る。分かりやすい資料を作る。自分の意見を明確に述べる。リスクをとり、逃げないで仕事をする。自分で計画を立てて仕事をする。目標を決めて仕事をする。終わったらレビューする。これらは、ＳＥというより、ビジネスパーソンならだれでも注意すべき事柄である。

　こうした事柄は、信頼されるＳＥになることと決して無縁ではない。例えば、分かりやすい資料が作れないＳＥは、作れるようになるまで努力しなければならない。リスクがとれないＳＥは、リスクがとれるように自分を変えなければならない。計画を立てて仕事ができないＳＥもまた改善しなければならない。

　つまり、ＳＥ一人ひとりは、日ごろの仕事の上で改善すべき点を意識して取り組み、やるべきことを習慣として、自然に行えるように努力すべきである。すると、「あのＳＥはしっかりしている」と言われるようになる。あえて言えば、自分自身の体質改善への挑戦である。

日常の行動心得を作れ

とはいえ、SEも人間である。興味のないことはつい忘れる。したがって、日ごろの仕事でそれなりの知恵や工夫を凝らし、ルーズな方向に陥らないようにすることが肝要である。

筆者はSEマネジャ時代に、「これだけはやろうじゃないか」という事柄をSEたちと決め、それを紙に書き、全SEに渡していた。会議などでもその内容をSEに再認識してもらうために、時折説明していた。

当時使っていた紙をそのまま掲載する（図参照）。この紙は大きく四つのブロックに分かれている。左上はビジネスパーソンの常識、左下は顧客を訪問する時の心構え、右上はSEの心構え、右下はSE職種の厳守事項である。このほか、中央や枠外に書いてあるのは、当時のスローガンの類である。

SEたちはこの紙を机の前に貼って忘れないようにしていたものである。自画自賛だが、ほとんどのSEはこれらの事柄に強くなり、大きく成長したように思う。

読者のSEの方々も、チームの仲間とかSEマネジャと相談して、「自分たちはこれをやろう」と決め、それを紙にでも書いて時折自己チェックし、新しい自分作りに挑戦すること

図●SEの日常の行動心得の例

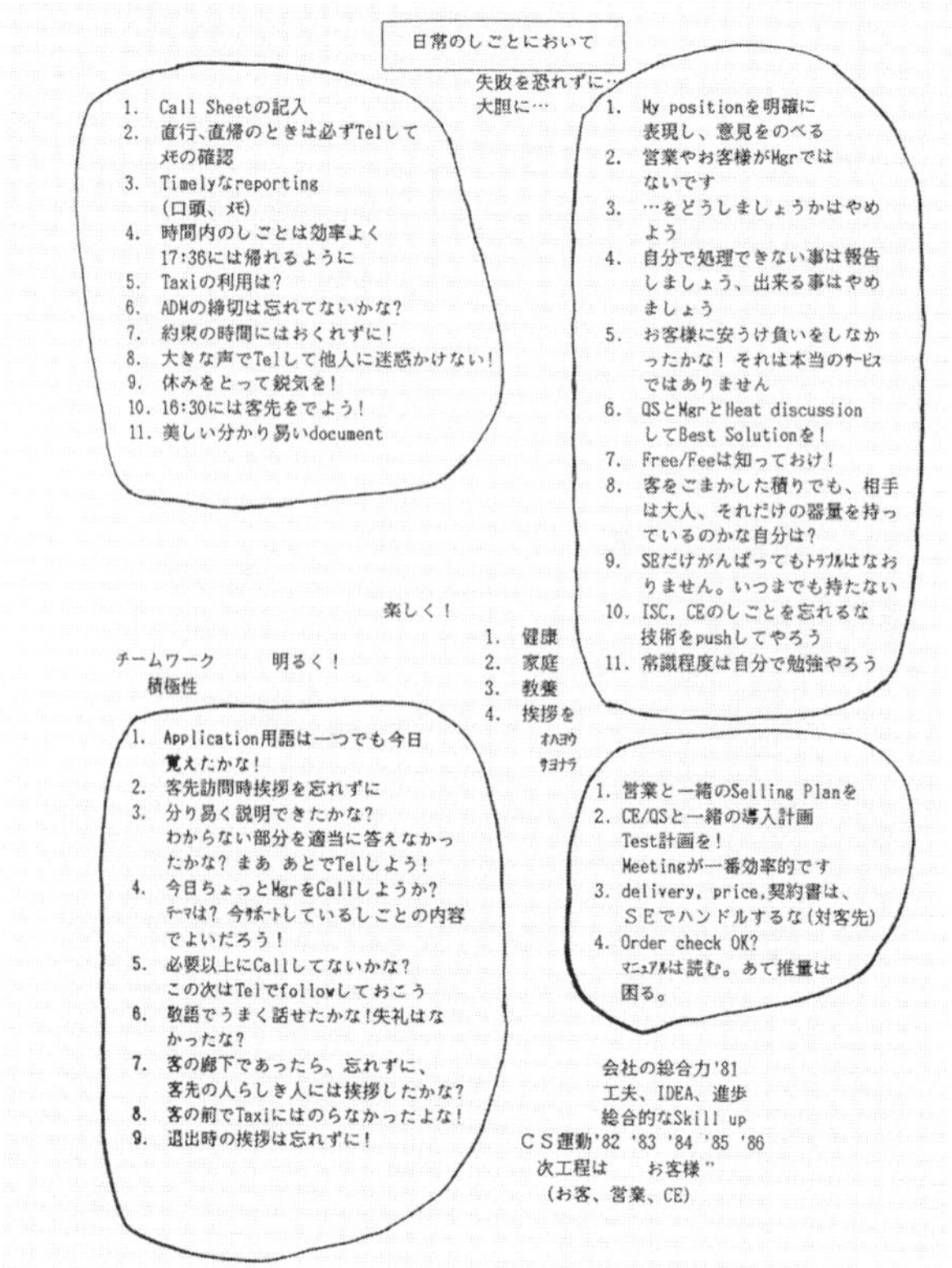

を勧めたい。一人で挑戦するより仲間と切磋琢磨しながらやったほうが、人間は頑張れるはずである。

掲載した紙は、約20年前のものであるが、ほとんどの項目は現在でも十分通用するはずだ。読者の参考になればと思い、主要な五つの項目について説明する。

「ADMの締め切りは忘れていないかな？」　ADMとは社内の事務処理のことで、その締め切り厳守はビジネスパーソンの常識である。たかが社内事務の締め切りと馬鹿にするようでは信頼されるSEになれない。締め切りに遅れるSEはいつも遅れるし、お客様との約束にも一般にルーズな傾向がある。

出勤時間についても同じであり、日ごろからルーズな人は肝心な時に遅刻する。逆の立場で考えるとすぐ分かることだが、SEマネジャは締め切り日や出勤時間にルーズなSEには重要な仕事を決してアサインしない。これは肝に銘じておいたほうがよい。

「客の廊下であったら、忘れずに、客先の人らしき人には挨拶したかな？」　情けない話だが、顧客の企業を訪問中に、廊下や近くの路上などで顧客にあっても挨拶をしないSEが多すぎる。これは忙しいうんぬんの問題ではない。意識の問題である。少々間違えても、顧客の人らしいと思ったら会釈をするなり、「こんにちは」ぐらいは言えないと、信頼どころではない。

「My Position を明確に表現し、意見をのべる」、「…をどうしましょうかはやめよう」

往々にしてＳＥは社内の討議などで、自分のPosition を主張しない傾向がある。つまり自分の意見を言いたがらない。「お客様が言われた」とか「○○が言われた」などと第三者的発言をしがちである。

また、多くのＳＥは「自分で決めない」、「決断しない」仕事のやり方をしている。周囲もそれを許しているので、それを当たり前だと思っているＳＥが多い。これを１８０度変え、仕事上の物事は、「自分で決める」、「自分で決断する」やり方に変えなければならない。

そして、自分の意見を言うべきである。例えば、顧客からクレームを受けた時に、「どうしましょうか」と上司に相談するのではなく、自分で判断し、「わたしはこのようにしたい」と自分の考えを明確に言い、上司の同意を促すぐらいの主体的な姿勢をとれないようではプロではない。ＳＥは顧客に行けば会社を代表している技術者である。顧客から何か言われて、「帰って上司と相談します」と答えているようでは情けない。

「営業やお客様がＭｇｒ（マネジャ）ではないです」 ＳＥは自分のボスを、顧客や営業担当者と錯覚しているのか、顧客や営業の言う通りに仕事をする人が多い。それが習慣になると、自業自得とは言え、相手の言う通りにしないと「文句を言われる」ようになる。ＳＥのボスはあくまでもＳＥマネジャである。

「自分で処理できない事は報告しましょう」

SEは自分で処理できることは報告しなくてもよい。しかし、できないことは必ずSEマネジャに報告したほうがよい。中にはこの逆をやるSEがいるが、それは厳禁である。自分の手に負えない「やばい」ことを報告するのはSEの義務である。するとSEマネジャはマネジメントの立場で適切な対応をしてくれるはずである。

鉄則24●所属長に自分の仕事を理解してもらう

管理者失格のSEマネジャについたSEはたいへんである。その時は、自分なりに上司に働きかけて自分の仕事を理解してもらうことだ。それでも理解がない場合、最後の手段として顧客と手を組み、上司を異動するくらいのことをやっても許されよう。

SEが悩むことの一つに「所属長であるSEマネジャは、わたしの仕事を分かってくれていない。どうすればよいのか」というものがある。この問題で悩んでいるSEは実に多い。情けないことだが、現実には管理者失格のSEマネジャが少なくない。特定のプロジェクトや大手顧客にかかわっているSEにしか目が向かない、リーダークラスのSEとは話しても若手ＳＥには声もかけない、ＳＥと話す時に自分が理解していないＩＴについても知ったか振りをして話す、現場にまったく顔を出さない、俺は管理者だとばかりに格好だけつける、などである。

これでは、一人ひとりのＳＥの困っていることや悩みは分からないし、相談にものれない。その上、ＳＥの仕事も評価できないから、公平な人事評価どころではない。結果として、さまざまな問題がＳＥにとって起こる。一つの仕事に塩づけにされ、新しいスキルを身に付けられないとか、技術的な欲求が満たされず将来への不安を覚える、などである。下手をすれば、退職を考えるＳＥも出る。

この問題は非常に根が深い。筆者としては、ＳＥマネジャやその上司に、「マネジャたるもの、こうすべきだ」と文句は言える。しかし、そのようなＳＥの方々に言える適切な言葉はなかなか見つからない。

筆者は過去に何人かのＳＥから同様の相談を受けた。そんな時には、答えに窮してこう話していた。「気持ちは分かる。重要なことは将来、君がＳＥマネジャの立場になったら、同じ悩みを部下に味わわせないことだ。今は頭に来るだろうが、ボスを反面教師と考え、成長の糧にして頑張ったらどうか」。

これは答えにはなっていないが、長い目で見れば問題の解決につながるはずである。ＳＥ

時代に所属長に対し不満をもっていたのに管理者になったとたん、かつての上司と同じことを部下に味わわせている人が結構いるからだ。

　筆者としてもう一つ言えるのは、自分の仕事の仕方を再考してみてはどうか、ということである。愚痴を言ってもなんの解決にもならない。「自分の仕事を分かってもらえないのはなぜか」と客観的に考えてみてはどうか。上司に自分から積極的に話しかけたり、先輩だけに任せずに業務報告をきちっとしたり、上司が顧客を訪問できる機会を作り仕事の現場を見てもらうようにしているか、などを自己点検する。

　その結果、自分に欠けている点があれば、気持ちを一新して補うことで、少しは事態が改善するはずだ。「そんなことをやっても意味がない」と思うSEもいるかもしれないが、それはそのSEの偏見である。

　とはいえ、SEがいろいろと自己改善の努力をしても、依然として分かろうともしない所属長も確かにいる。そんなボスの下にいるSEは、我慢し続けるか、さもなければ闘うしかない。闘う決意をした場合、負ける喧嘩をしても意味がない。勝つためのポイントは、第三者に応援を頼むことである。

　例えば、担当している顧客やプロジェクトに目を向かせるために、顧客に頼んでSEマネジャに直接文句を言ってもらう。営業担当者からクレームを入れてもらう。SEマネジャに出す電子メールには関係者全員のCCをつけ、マネジャの上司にも状況を報告する。
いわゆる政治力である。顧客を巻き込むのは決して良いことではないが、SEマネジャが顧客の状況を把握していないようでは顧客に迷惑をかけかねない。ベテランならいざしらず、20歳代や30歳ちょっとのSEなら、少々のことをしても許される。顧客と手を組んで、だめなSEマネジャの首をとばすくらいの気概があってもよい。それが顧客に責任を持つ若者の姿である。

鉄則25●受け身体質から脱皮し能動的に顧客を支えよ

SEたるもの、「やるべきことを自分で決め、その目標達成に挑戦し、結果を自分で評価する」というような仕事のやり方に変え、受け身の体質から脱皮すべきである。このやり方を継続すれば、主体的・能動的で、顧客から信頼されるSEになれる。

現在、多くのSEは、「自分で決めない」し、「自分でリスクをとらない」。そして、「…をどうしましょうか」と上司や顧客にお伺いを立てるなど、受け身の態度で仕事をしている。これでは顧客からの信頼は決して得られない。

この受身の体質から脱皮するには、仕事のやり方を、「やるべきことを自分で決め、その目標達成に挑戦し、結果を自分で評価する」ように転換することが不可欠である。

それにはまず、自分の仕事を他人から与えられるのではなく、自ら自分に与えるやり方にすることである。すると、自分で決めたことだから逃げられないし、自ら責任を負わざるを得ない。そして、それを完遂することに挑戦し、結果を自ら評価することが肝要である。

ビジネス社会では一生懸命頑張ったとしても、目標が達成できなければなんの価値もない。顧客の都合や営業上の理由で達成できなかったなどと言い訳をしてみても、理由にはならない。自分の見通しが甘かっただけのことである。だが、結果を評価することにより、失敗しても前向きな反省ができる。

すると必ず成長する。成功すれば自信もつく。だんだんと物事を自分で決めて、それに挑戦する習慣が身に付き、能動的なＳＥになれる。逆に、他人に「決めてもらう」仕事のやり方を続けていると、永久に当事者能力が身に付かない。自分で決める、挑戦する、できなかったら反省する。これがＳＥが受け身の体質から脱皮するための三点セットである。

自分でやることを決め、約束せよ

筆者はＳＥマネジャ時代に、ＳＥの受け身の姿勢を何とかしたいと考え、ＳＥ個人単位の

「月間計画表」を作り、SE全員に使わせた（図参照）。長年取り組ませた結果、相当の効果があったと思うので紹介したい。

まずSEは、①その月に自分がする予定のすべてのSE活動の内容を記入する。「○○プロジェクトの単体テストの実施」、「○○顧客向け提案書作成」、「○○の検収」、さらに「教育」や「休暇」まで、残らず記入する。②続いて、各項目の優先順位を1、2、3と記入する。

③次に、各項目を今月どこまで行うと仕事を達成したことになるか、達成基準を記入する。「○○プロジェクトの単体テスト20％完了」、「提案書の完成」など達成度が判断しやすいように書く。④各項目の実施時期と、⑤予定している作業日数を記入する。

そして、計画表を筆者に提出し、内容を説明し、筆者と討議する。筆者も意見を言い、ガイドはするが、最終的にはSEが自分で決めて実施する。⑥1カ月後、SEは自己評価をして、活動の達成度を％で記入し、筆者へ再度提出する。

計画を立てて実施し、評価する。これはプロジェクトでは当たり前だが、個人の活動で実践しているケースは意外と少ない。読者の方々も同様の月間計画表を書いてみると、その難しさが分かるはずである。SEマネジャである筆者にも当時、相当なプレッシャがかかった。SEをガイドするために、SE全員の仕事の状況を把握しておく必要があったし、時に

図●SEの月間計画表の例

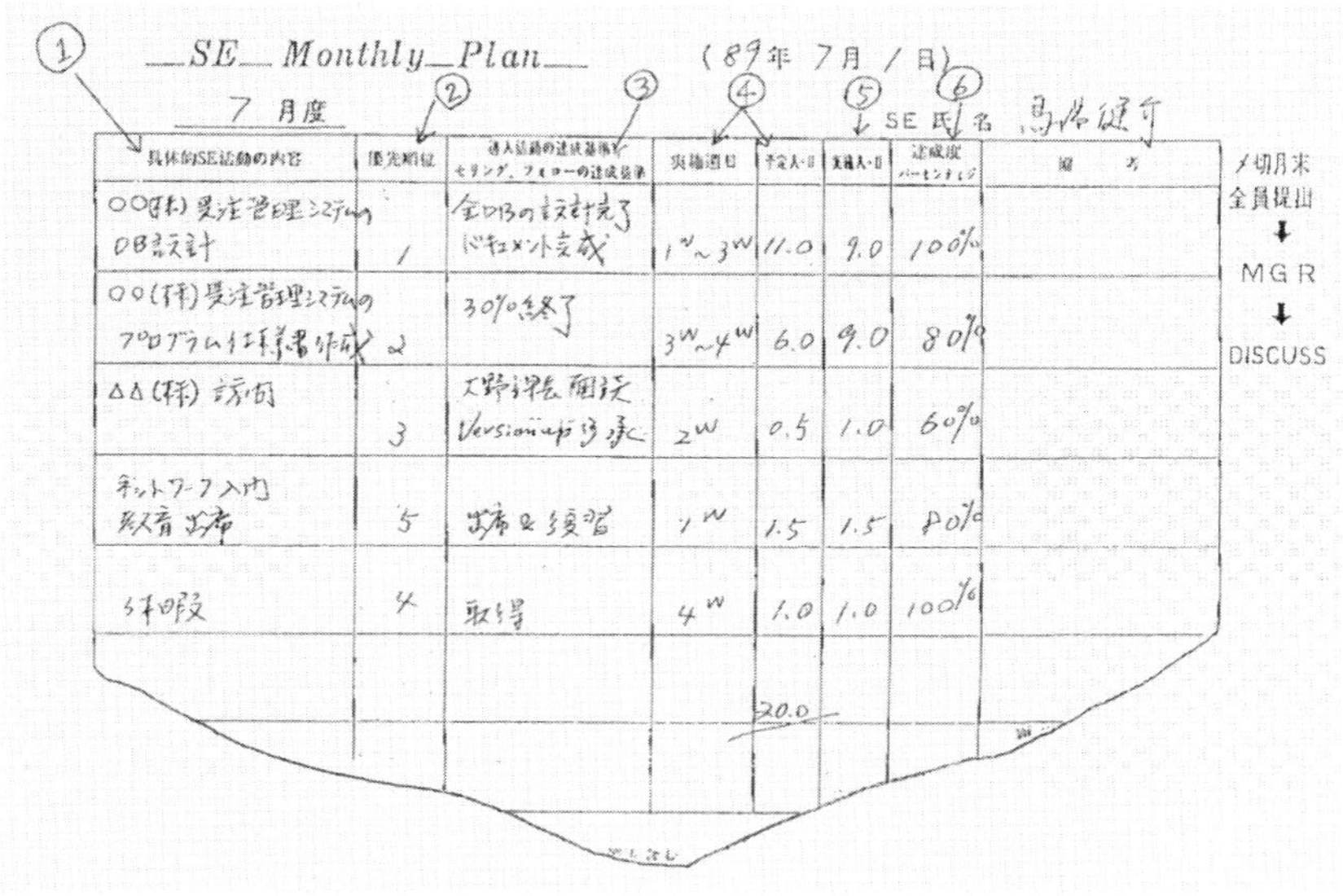

SE Monthly Plan (89年 7月 1日)

7 月度

SE 氏名

具体的SE活動の内容	優先順位	導入活動の達成基準や セリング、フォローの達成基準	実施週日	予定人・日	実績人・日	達成度 パーセンテイジ	備考
○○(株)受注管理システムの DB設計	1	全DBの設計完了 ドキュメント完成	1W〜3W	11.0	9.0	100%	
○○(株)受注管理システムの プログラム仕様書作成	2	30%終了	3W〜4W	6.0	9.0	80%	
△△(株)訪問	3	次期計画説明 Versionupの了承	2W	0.5	1.0	60%	
ネットワーク入門 教育出席	5	出席＆復習	1W	1.5	1.5	80%	
休暇	4	取得	4W	1.0	1.0	100%	
				20.0			

〆切月末 全員提出

↓

MGR

↓

DISCUSS

は助っ人ＳＥを探してこなければならなかったからだ。

月間計画表を導入した当初は、中堅やベテランＳＥの中に、紙一枚書くのに何日も悩んでいたものがいた。口頭なら今月何をする、と言えても、いざ紙に書くとなると、実施項目やその達成基準がなかなか書けないし、優先順位もつけられない。また、各作業について、ちょっとでもできると、いきなり「達成度１００％」と記入するＳＥもいた。

きっと前者のＳＥは、顧客がＯＫしてくれなかったらどうしようか、協力会社などに反対されたら困る、などと悩み、上司に紙で、「今月何をここまでやります」と確約するのが怖かったのだと思う。後者のＳＥはこれまで甘えの構造の中で育ったせいだろう。

だが、月間計画表を導入して、数年もたつと、めりはりを付けて日ごろの仕事をし、顧客とも自分で主体的にやり取りするＳＥが増えていった。ＳＥの中には、「今月やることを馬場さんから任せられたから、後は自己裁量で自由にできる」と喜んでいたものもいた。

一方、入社1、2年の若手ＳＥの多くは月間計画表を渡すと、ほとんど悩まずに実施項目や達成基準などをすらすら書いていた。筆者は当時、変な常識に染まっていない若者と、紙一枚書けないベテランとのギャップをつくづく感じ、ＳＥの世界でも「鉄は熱いうちに打て」というのは正しいと思った。

読者の方々も上司と相談し、自分を鍛える意味でこのやり方をやってみてはいかがだろうか。きっと受け身体質の改善に役立つはずである。

第2部

できるSEマネジャの条件

鉄則26● 事業目標の達成と部下の育成が基本

SEの責任者たるSEマネジャの仕事の基本は、「ビジネス（事業）目標の達成」と「部下の育成」である。この二つの重要さの比率は5対5と判断すべきである。ビジネス目標の達成という場合、SE組織だけでなく営業組織も含む。

SEマネジャを本書では次のように定義する。「部下のSEのジョブアサインについて権限を持ち、職務を遂行するために部下のSEをコントロールする責任を持っている人」である。SEマネジャは、企業によって「課長」とか「○○マネジャ」、あるいは「リーダー」などと呼ばれる。人事上ではライン管理職であるケース、プロジェクトマネジャなどでライン管理職ではないが部下を持つケースの両方がある。売り上げ、利益、SE稼働率といったビジネス目標を直接的に持っているケース、持たないケース、さまざまである。

ライン管理職でない読者にとっては、「おれは立場上そこまでの権限は持っていない」などと思われるくだりが出てくるかもしれない。だが、数年先の自分の姿を考えて読んでいただきたい。

SEマネジャの存在価値をどのように考えるべきか。SEマネジャはどのような力を持たねばならないか。そしてどのようなＳＥを育てなければならないかといった点について筆者の考えを述べる。

筆者はＳＥマネジャの基本は、「ビジネス目標の達成」と「部下の育成」にあると考えている。

ビジネス目標とは一般に事業計画・事業目標と言われるが、ＩＴ産業におけるビジネス目標の達成とは、次の3点であろう。

①お客様の期待にこたえるシステム開発・導入などのＳＥ活動を展開して、お客様にご満足いただくこと。

②組織（課、グループ、チームなど）に与えられた各種の目標を達成すること。例えば、売り上げ・利益・受注残・ＳＥ稼働率・プロジェクトの稼働件数・製品の販売／導入数、新規顧客獲得数などの達成を意味する。

③ビジネスを翌年・翌々年と継続的に行えるように、顧客の経営に役立つソリューション（問題解決策）を発掘し、提案すること。

この三つのビジネス目標の達成に関しては、ＳＥマネジャの方は、若いうちからその重要性を十分認識されていると思う。

SE組織だけの目標達成は70点

あえてコメントすれば、ビジネス目標の達成とはそのSE組織に与えられた目標の達成だけを意味するのではない。SE組織に関係する営業組織のビジネス目標の達成も含めて考えるべきである。

会社の成長のためには、営業部門全体および個々の営業組織のビジネス目標の達成が最も重要であるからだ。時折、自分の組織の目標達成しか考えていない視野の狭いSEマネジャがいるが、自分の組織の目標を達成してもそれだけでは70点と考えたい。

営業組織は金融業界、製造業界、流通業界、運輸業界などの顧客グループ別に分けられていることが多い。この顧客グループを担当する営業組織（事業部、部、課、グループなど）のビジネス目標の達成を、SEマネジャは意識し、協業しなければならない。

SE組織と営業組織の関係は1対1であったり1対Nであったりさまざまであるが、基本的な考え方は同じである。

特にSEはビジネス意識が希薄だとか、セクショナリズムが強いなどと思われがちなので、視野の狭いSEマネジャにならないよう常日ごろから意識する必要がある。

判断力と部下の育成がカギ

最近のIT業界は、「テクノロジーの急激な変化」、「スキルに基づくビジネス形態への変化」、「お客様のシステムの複雑化」といった状況にある。こうした時代に、与えられたビジネス目標を達成するためには、SEマネジャ自身がビジネスに関していかに適切に判断するか、そして自分の組織でいかに大きな力（パワー）を発揮させるかに注力する必要がある。

SEマネジャは顧客の状況を自分の目で把握し、ビジネス（システムの開発や導入、セールスなど）のサイズ、システムの複雑度、プロジェクトのリスク、プロジェクト管理のやり方、営業／SEの戦力（値×量）について自ら考え、「どのセールス（売り込み・販売活動）を重要視するか、特にどのシステム開発に力を入れるのか」を自分自身で判断できる能力を養わなければならない。

同時に、部下を「技術力のあるしっかりしたSE」に育て、チームワークで仕事ができる土壌を作り、「それぞれの組織でより大きなパワーを発揮させること」にSEマネジャ自身がもっと力を入れるべきである。それがひいては、他社との競合に打ち勝ち、より大きなビジネス目標を達成でき、企業の次の時代を担う人材を育てることにもなる。

多くのSEマネジャを見てみると、部下の育成についてビジネス目標ほど注意を払っていない人や、育成に関心はあるものの育成能力がない人が少なくない。

あるいはまた、「人がいない、若手が多くスキルがない、営業がシステムを知らない…」と嘆くばかりのSEマネジャもいる。それではビジネス目標を達成することは難しい。

与えられた人員でより大きな仕事をやり抜き、さらに大きなビジネス目標に挑戦し、その目標を達成するために努力する。こうした良循環を作り出すために、SEマネジャは部下の育成について、もっと悩んで苦しみ、もっと学び、もっと指導・育成に情熱を注ぐ必要がある。

COLUMN

マンパワーの発想に終止符を

本書を読まれている読者の方々は、筆者が随所で、SEはマンパワーではない、と主張していることに気が付かれると思う。筆者は現役のころからマンパワーとか人・月という言葉が大嫌いであった。スキルではなく、人間そのものを売っているような気分になるからである。

開発プロジェクトを例にとれば、上流工程、すなわち設計段階まではマンパワーは関係ない。スキルがものをいう。できるSEが設計したシステムはダメなSEが設計したシステムとは比較にならない。にもかかわらず、現実はできるSEもできないSEも1カ月いくらで取引されている。

ここで自慢話をさせてもらいたい。筆者は現役のSEマネジャだった11年間、どのSEが何の仕事を担当すると書いた体制図を、ただの1回も顧客に出さなかった。超大型メインフレームを数台新規に導入するプロジェクトをやった時もがんとして出さずじまいであった。

もちろん、顧客は体制図を出せと迫る。筆者は、「当社が抱えている全国のSEを総動員してでもプロジェクトはきちんとやる。だから、最初の3カ月だけ見といて下さい」と切り返した。そのかわり、プロジェクトの最初の3カ月は猛烈に頑張ったものである。

自分の部隊からSEをそのプロジェクトに動員する。設計段階に優秀なSEを入れてプロジェクトの立ち上げをきっちりやった。他の客にも一切体制図を出していなかったので、筆者の独断でSEを自由に動かせた。

顧客に「やるな」と信用されたら、後は少人数のSEでもプロジェクトはうまくいく。信頼を得て以降は、ちょっとくらいプロジェクトで失敗しても大丈夫なものである。

なぜ、体制図を出さないで頑張ったのか。体制図を出して、「このSEとこのSEをお貸しします」とマンパワーを売るつもりはさらさらなかったからだ。これはＳＥを育てるためでもあった。ＳＥは一つの客にべたっと張り付くより、自分のスキルが生かせる仕事をどんどんやらせるほうがはるかに喜ぶ。体制図を作ってしまうと、自分の担当部分しかやらなくなり、成長が止まる。

この問題は今でも解決していない。メーカー、ソフト会社、そしてユーザーが一致団結して、ＳＥのスキルの向上を図り、マンパワーを切り売りする世界から脱却する努力をもっとしていかないと、日本の将来はない。

鉄則27●マネジメント・リーダーシップを持て

ビジネス目標（事業計画）を達成してビジネスを発展させ、同時に部下を育成し成長させるために、ＳＥマネジャは「パワー」を持たなければならない。単なるエンジニアを超えた「マネジメント・リーダーシップ」が必要である。

ＳＥマネジャが持つべきマネジメント・リーダーシップには二つの側面がある（図）。第1

図● SEマネジャのリーダーシップ

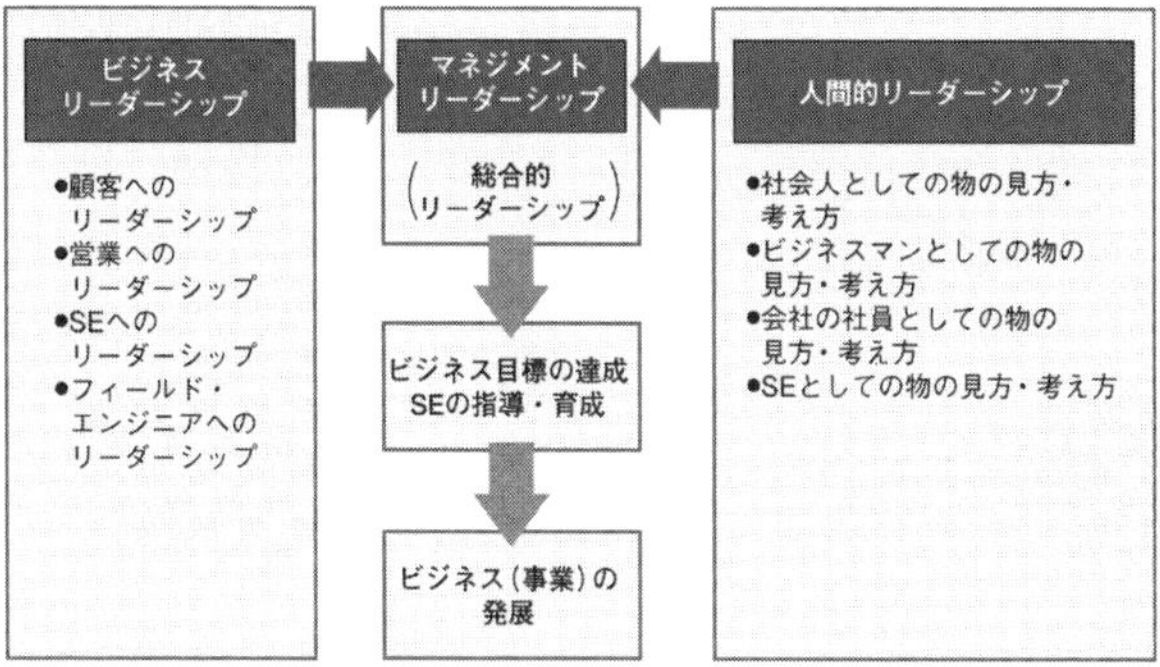

は、客先、営業、SE、フィールド・エンジニア（保守技術者）はもちろんのこと、ディーラー、ソフト会社と協業していく際の「実質的な発言力」である。第2は、「SEを育成したい方向へ引っ張っていき、指導し育成できる力」である。

二つの側面のリーダーシップを持って初めて、「マネジメント・リーダーシップ」が備わっているといえる。マネジャとしてビジネスをしっかりやり、なおかつ部下のSEを育てるために、SEマネジャは努力と鍛錬を重ね、二つの側面のリーダーシップを備えるべきである。

前者は直接ビジネスに関係するリーダーシップと言える。例えば、客先に対する発言力とか、営業担当者や営業部課長への発言力、部下のSEに向けた発言力などを意味する。いわゆる「仕事ができる」という範ちゅうのリーダーシップを考えていただきたい。

後者は、SEを育成する上で物事をどのように考え、どのように判断し、どのように行動すればいいかという、「物の見方や考え方」つまり「価値観」の面のリーダーシップである。人間的なリーダーシップといってもいい。SEマネジャは物事に対して、しっかりした哲学と思想を持つ必要がある。

哲学というと大げさかもしれないが、「顧客とは何か」、「SEとは何か」、「ビジネスとはどういうことか」といったテーマについて、どのように考え、どのように行動すべきかということである。こうした事柄について部下のSEをはじめ、周りの人々が納得・共鳴する考えを持たなくてはならない。

ビジネスに強いSEマネジャ

二つのリーダーシップのうち、まずビジネスに関するものについて考えてみる。SEマネジャが客先に対して発言力があると、第一線部隊の仕事が大変やりやすくなる。必要以上にSEを投入することもないし、セールス活動も行いやすい。他社との競合時に価格競争になっても勝ちやすいし、会社にとって不利な取引も減らすことができる。

社内の他のSE関連部門やフイールド・エンジニア部門に発言力を持っていると、緊急時に応援してもらいやすくなり、結果として客先に迷惑をかけずにすむ。部下のSEを精神的・肉体的に必要以上に苦しめることもないし、営業もSEの問題で客先に頭を下げなくていい。

仮にSEマネジャのリーダーシップが乏しかったとするとどうであろうか。セールス活動は価格競争に陥りやすいし、技術的に少々無理な提案を出さざるを得なくなったり、客先の言いなりになってSEをアサインしたりするようになってしまう。

客先が困っている時にタイムリーに社内から支援してもらえず、結果として問題の解決が長引き、客先に迷惑をかける。部下のSEのやる気は薄れ、「単にやらされている」という意識になる。いわゆる受身的・消極的な人間になり、ビジネスマインドに乏しくなる。責任感も薄くなり、客先やSEマネジャなど他人に言われたことしかやらなくなる。

積極的な人間、ビジネスマインドに富むSEを育てるには、まずマネジャ自身がビジネス面に強くなければならない。同時に、部下のSEがビジネスに強くなるように指導していくことである。

価値観を持つSEマネジャ

SEを育成したい方向へ引っ張っていく、人間的な側面のリーダーシップとは、後輩から「わたしはあの人に教えられた」と言われるような類のリーダーシップである。仕事で何かをする時に「あれは良い行動、これは悪い行動」と判断できる基準を持っていることである。

ＳＥマネジャにこの面のリーダーシップがないと、ＳＥマネジャ自身の価値観（物の見方・考え方）がしっかりしていないから、部下がついてこなくなる。「あのマネジャは仕事はできるがどうも尊敬できない」、「自分の立場や自分の組織のことしか考えていない」、「言うこととやることが違う」などと部下から言われやすい。これでは部下のＳＥを育てようと思っても、ＳＥは意識的に馬耳東風の態度をとる。これでは育成どころではない。

では、リーダーシップを発揮するために、ＳＥマネジャはどのような心構えで、どのような行動をとればいいのだろうか。どのような点に気をつけねばならないのか。

こうした「できるＳＥマネジャの条件」の詳細を列挙していくことが、第2部の主眼である。まず結論から先に言うと「部下の仕事を知ること」と「率先垂範」がすべてである。「部下の仕事を知る」とは、すべての部下の仕事の中身を理解し、その難易度が判断でき、仕事のやり方・考え方について、適切なアドバイスを適宜与えられるという意味である。ＳＥマネジャが以前に担当した客先やシステム、製品に関係するＳＥの仕事を知ることはそれほど難しくない。

注意すべきは、社内でそれほど注目を浴びていない客先やプロジェクトを担当しているＳＥについても、彼ら全員の仕事を知ることである。これができているＳＥマネジャは驚くほど少ない。読者の皆さんはどうであろうか？

SE一人ひとりを育てるということは、SE一人ひとりの仕事を知るということであり、決して容易なことではない。しかし、一人ひとりが育たなければグループの戦力、組織力・機動力を強化することはできない。

もう一つの基本である「率先垂範」とは、部下のSEの仕事を自分でレビューしてやり、SEが困りそうなところは事前にガイドしたり、客先へ積極的に出かけてSEがしっかりした仕事ができるような環境を作ってやることである。オフィスの机に座っているのではなく、客先の矢面にたって第一線の指揮官らしく行動することである。

とはいっても、SEを過保護にすると言うことではない。SEマネジャの目で見て、SE自身が頑張ればできそうな仕事はSEにやらせることである。特に、顧客との交渉とか社内関連部門との交渉もできるだけSEにやらせる。技術面とは別の苦労を味わわせることで、より視野の広い人間が育つ。

そのためにはSEマネジャ自身が「顔の利く交渉力」、すなわちビジネス面のリーダーシップを持っていなければならない。つまり二つのリーダーシップは表裏一体なのである。

鉄則28 ● リスクを覚悟しジョブアサインを

部下のSEの能力と成長の可能性（ポテンシャル）を見極めて、適切な仕事（ジョブ）を割り当てる（アサイン）ことが重要である。SEが育ちビジネス目標を達成できるような「ジョブアサイン」にリスク覚悟で真正面から取り組まなければならない。

SEマネジャの基本である「ビジネス目標の達成」と「部下の育成」のメカニズムを図に示した。SEマネジャはリーダーシップを発揮して「ビジネス」と「SE一人ひとりの育成」を考えたジョブアサインを行い、実務を通して部下に仕事のやり方を指導する。そして適切なジョブコントロールを行ってビジネスを成功させ、SEに自信とスキルを身に付けさせる。

その結果、SE一人ひとりが成長し「SE戦力」が強化され、より大きなビジネスへチャレンジできるようになる。当然、顧客にはより質の高いサービスを提供できる。すなわち、「ビジネスと育成のバランスがとれる」。

したがって、SEマネジャは部下のSEに次のようなジョブアサインをしてはならない。

仕事ができるSEにだけ難しい仕事を集中してアサインし、他のSEにはそれほどではない

図●「ビジネス目標の達成」と「部下の育成」のメカニズム

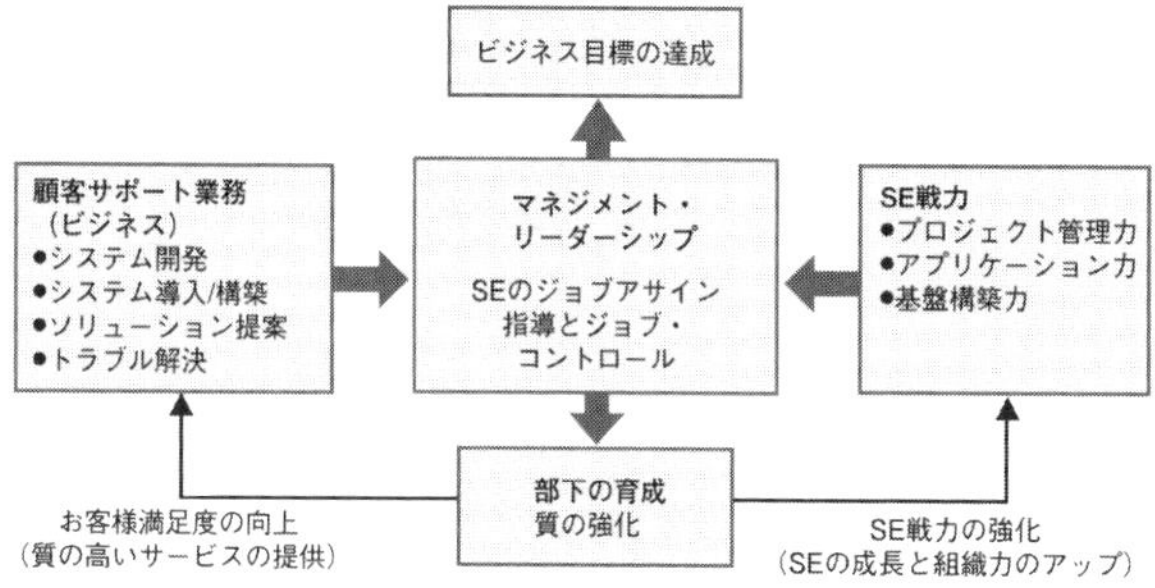

仕事をアサインする、仕事をアサインした後はSEに任せっぱなしにして放任状態にする、SEを長年にわたって同じような仕事に塩漬けにし新技術を修得する機会を与えない、さまざまな仕事をくるくるとアサインして、まとまった仕事をさせていない、成長期のSEにたとえば製品関連の仕事ばかりをさせて視野を広げる機会を与えない。

しかし、残念ながら以上のようなジョブアサインはかなり見うけられる。このような状況における「ビジネス」対「部下の育成」の比率は「5：5」どころか、「9：1」とか「8：2」であり、とても部下のSE一人ひとりが育つ状況ではない。SEを「育てている」のではなく、部下のSEが自分勝手に育っているだけである。これでは部下の成長にもおのずと限界があり、技術レベルや考え方に関しても、各SEがバラバラのまま育ってしまい、組織としてのSE戦力強化などあったものではない。

SE一人ひとりを育てる。言葉では簡単だが、それは

SEマネジャの「リスクテイク」なしではあり得ないと筆者は考えている。マネジメントとしての「リスク」を取る、つまり危険覚悟で一緒に苦労する。SEマネジャはまずこの認識を持たなければならない。

仕事中心でなく育成中心に

次に、SEのジョブアサインは、「仕事中心の発想」ではなく、「能力開発の発想」で行うことである。その仕事ができる部下をアサインするのではなく、SE一人ひとりの育成と成長を考え、この仕事をさせて部下を伸ばしてやろうという発想である。具体的には、SEが今持っている能力より20～30％超の能力が必要となるような仕事にアサインすべきである。しかもSEがマンネリに陥らないように、適度に仕事のローテーションを実施することも大切である。SEの意欲をそぐような下手なジョブアサインを何回も続けていると、SEの成長の原動力である「技術への欲求・好奇心」が薄れていき、SEの成長を止めることになる。

しかし、育成に重きを置いて、SEに能力以上の仕事をアサインしたり、長年担当した顧客の担当を替えたりするとなると、いかにリーダーシップがあるSEマネジャでもリスクを感じることになる。それがSEマネジャとして取るべき「マネジメント・リスク」である。

もちろん、部下の育成を重視したからといって、顧客や営業担当者に迷惑をかけてよいという話にはならない。リスクがある以上、なんらかの対策をSEマネジャが講じるのは当然であり、対策がとれてこそジョブアサインができるSEマネジャと言える。

最もリスクの大きい「システム開発」を例にして、主要な三つの対策について説明してみよう。第一は、「カットオーバーまでの仕事を自分で読み切る」ことである。具体的には、社内で話を聞くだけでなく、SEマネジャ自ら顧客を訪問して開発するシステムの内容、規模、難易度、顧客の体制、スケジュールなどを把握する。

その上で担当するSEのリーダーやメンバーの能力も考慮して、成功させるキーポイントは何か、何が危険か、進め方をどうするか、応援は必要か、SEマネジャがフォローする点は何か、問題が起こった場合どう対処するかなどを考え抜く。

技術的に難しい点があれば経験者などのコンサルテーションを受け、そのコメントも参考にして、できるだけ正確に判断する。最終的には、担当するリーダーとメンバーの考えと自分の考えを出し合って討議し、そのプロジェクトの進め方を決める。あくまでも主体は現場のSEであり、SEマネジャの考えの押し付けは厳禁である。ただし、クリティカルな問題を見いだした場合、必要な手を打つのは当然である。

第二は、「指導とコントロール」である。SEマネジャ自身が仕事を読み切っておくのは当然として、さらに次のポイントを押さえておく必要がある。まず、ＳＥが作った開発・導入・テスト計画をレビューすること。若手のＳＥならば計画を一緒に作ってやることである。さらにＳＥマネジャは自ら顧客を訪問し、「自分の目」でプロジェクトの状況を見て、ＳＥの報告内容よりも状況が悪いと感じたら、問題が起こる前に改善策を講じることである。

筆者の経験上、開発計画とテスト計画はＳＥマネジャが必ず、プロジェクトごとにレビューしなければならない。これは現場のＳＥが若いかベテランかを問わない。むしろベテランのＳＥがミスをした時のほうが問題が大きい。

第三は、「ＳＥの機動力・動員力を持つ」ことである。プロジェクトの途中では、「今この手を打たなければならないが、そのスキルがない」、「スキル不足で問題が長引きそうだ」といったことが起こるものである。そのような時に自分の組織の組織力・機動力を発揮させて、スキル不足を解消し、それでも足りなければ社内のＳＥ関連部門の応援をもらえるだけの力をＳＥマネジャが持っていれば、リスクもとりやすい。

プロジェクトの状況把握のために訪問して顧客と話してみると、顧客が困られている点とか、現在提案している内容が顧客の考えとは違うとか、セールス中の競合状況とか、いろいろなことが分かると言う副次効果がある。

顧客が困られている問題を持ち帰り解決することもできるし、営業担当者やSEのやり方がおかしいケースについてSEマネジャが指導することもできる。その結果、顧客との信頼関係を強化でき、顧客のニーズも分かるようになり、ビジネスもやりやすくなる。

こうなればビジネス上の発言力もつき、「SEのジョブアサイン」のリスクもとりやすくなり、SEも育つ、という良循環が起きる。SEマネジャが顧客を訪問する、すなわち「歩いて汗をかく」ことにより、部下のSEがビジネスと自分の成長を目標に生き生きと働けるようになる。それが最前線で働くSE部隊のマネジャのあるべき姿であり、部下を育てる原点である。

鉄則29●育てるべきはしっかりしたSE

SEマネジャは部下のSEを技術力があり、物事の考え方がしっかりした、組織力を発揮できるSEに育てるべきである。顧客から「あのSEはしっかりしている」と言っていただき、頼りにされるSEが求められている。

「SEマネジャはどのようなSEを育てれば良いのか」、この点について筆者の持論を述べたい。

筆者はSEマネジャは各SEを技術力のある、物事の考え方がしっかりした、組織力を発揮できるSEに育て上げるべきであると考えている。具体的な内容は鉄則12ですでに説明した。

時折、「あのSEは理屈っぽい」とか、「どうも次元が低い」とか、「調子が良い」などの言葉をSEマネジャなどから聞くが、それはSEマネジャが部下の育て方を間違えたか、SEマネジャに育てる力がなかったかのどちらかであると考えたほうが良い。特に入社3～5年目の駆け出しのSEは、SEマネジャの指導の仕方一つでどのようにでも育つ。SE全体のうち、10～20％の人は、SEマネジャの育成能力に関係なく自分の力で育っていける。しかし残りの80％のSEが問題である。この80％の部下のSEをいかに育てるかがSEマネジャの腕の見せどころと言える。「仕事ができる」と言われるSEの比率をSE人口の10～20％から、30～40％へ、ひいては60～70％へ高めていくことが、SEマネジャの育成能力と考えるべきである。

何が本物かを教えよ

しっかりしたSEを育てるにはSEマネジャは、入社3～5年目のSEに「何が本物か」

を教え込まなければならない。例えば、素晴らしいシステム開発の仕方とはどのようなものか、素晴らしいシステム導入の仕方とは何か、顧客にとってSEの価値は何か、顧客は何のためにコンピューターを使われているのか、ビジネスとはどういうことか…。こうした事項に関する見方・考え方、すなわち価値観についてSEに徹底指導することが大切である。

特に、若いSEを持っているSEマネジャはどんなに多忙であっても、価値観についての指導だけは怠ってはならない。知識や技術力はマニュアルを読ませ、マシンを使わせ、経験を積ませればある程度は身に付いていく。

しかし、物の見方・考え方・価値観の類は間違った経験をしたり、不適切な指導をすると、間違ったまま身に付いてしまうものである。例えばSEが初めてシステム開発もしくはシステム導入を担当する時に、開発・導入計画をろくに作らずに行き当たりばったりのやり方をしても、結果としてうまくいったとする。するとこのSEは「このやり方が本物なのだ」と「誤った自信」を持ってしまう。

そして、そのSEは2回目以降も同じやり方を続け、そのうち問題を起こし、顧客に迷惑をかけることになる。このような「本物」に関する間違いは30歳ころまでに直しておかないと、その後の矯正は容易ではない。

しっかりした先輩につけよ

どこの企業でも新人を現場に配属すると、早く会社に馴れさせるために、特定の先輩を指導役としてつける。新人ＳＥはその先輩から、プログラムの作り方、テストの仕方、製品の導入のやり方などを習ったり、相談したりする。重要なことは、「ＳＥの価値観」がしっかりしている先輩を指導役にすることである。

新人は先輩の言うことを素直に聞く。それだけ感化されやすいわけで、変な考えの先輩につけることは厳禁である。下手にＩＴ一辺倒の先輩につけると、ＩＴ偏重の仕事観・ＳＥ観に染まりかねない。企業の中には、指導役を単純に順番で決めているところもある。その結果、変に斜めに構えたＳＥに新人を任せたりすることが起こるが、それでは若い芽を潰す。

逆に、「なぜいつも彼なのか」、「教育役にはまだ若いのでは」など少々あつれきがあったとしても、とにかくしっかりした先輩ＳＥに新人をつけることである。仮にそんな先輩ＳＥがいなければＳＥマネジャ自ら新人の面倒を見るべきである。

きれいごとでは決して部下は育たない。しっかりした先輩ＳＥについた新人は、新人教育で習った仕事に対する考え方、取り組み方を基に、さらにその先輩から一生懸命吸収し、仕事を体で覚えていく。「マニュアルはこう読むのか」、「提出資料はこう書くのか」、「顧客を訪問した時はああ話せばよいのか」などさまざまなことを新鮮な目で見て、体得していく。

自信を持たせよ

入社して3、4年がたち、SEとして一人である程度の仕事ができるようになってきたら、そのSEが自信を持てるような仕事をSEマネジャはアサインすべきだ。「この仕事をやり遂げれば、きっと彼は自信を持つはずだ」と思う仕事をやらせることである。若者は自信を持ちさえすれば積極的になり、どんどん成長し自立していく。

例えば、小規模であっても一つのプロジェクトを一任してみる。若手SEは死に物狂いでそれをやるはずだ。あるいは、先輩があまりいない新しい技術分野の仕事をやらせてみる。若手は自分しかいないと思ってこれまた頑張る。こうして自信を持たせてから、さらに高度な仕事へと挑戦させる。

往々にして若手SEを4年も5年も同じ先輩の傘の下に置き、同じような仕事ばかりさせているSEマネジャがいるが、それはSEの成長を邪魔している。将来ある若者が成長期に親離れできないと、受け身的・指示待ちの人間になってしまいかねない。

もちろん、SE一人ひとりの資質や能力は違う。全員に平等な機会を与えることは難しい。それでも、SEマネジャはなんとか資質や仕事の状況を判断し、できるだけ適切な仕事をアサインすることが肝要である。「3、4年生のSEはまだたいした力はない」と思っているSEマネジャは、自分の指導力と育成力のなさを反省したほうがよい。

筆者はSEマネジャ時代、3、4年生のSEに新しい仕事をアサインする時に、こう言っていた。「日本人は28歳で衆議院議員になれる。議員になれる年齢の君にこの仕事ができないはずはない」。

もちろん、「困ったら助けてやる」と約束もしていた。約束を守るために、自分一人で顧客を訪問して顧客に顔が利くようにしていたし、若手SEが困った時に先輩が助っ人にすぐ入れる環境を整えておいたことは言うまでもない。

複数の仕事をさせよ

若い時にできるだけ、複数のプロジェクトや、複数の顧客を担当させたほうが良い。一度に複数の仕事をこなせるやり方を体得できるのは、大体5年生のSEまでである。若手SEには、社内で多少の反対があっても、それを押し切っていろいろな仕事をさせるべきである。すると複数の仕事をさばく要領を覚えるし、多様な仕事の経験からスキルがつき、視野も広がる。これもSEの基盤作りに役立つ。

大きなプロジェクトや大手顧客だけを担当して育ったベテランSEや中堅SEの中に、複数の仕事を同時にこなせない者が案外多い。それは彼らが若い時にいつも一つの仕事だけに専念して、複数のプロジェクトを同時に受け持つ経験がなかったからだと筆者は考える。そのため、ポイントを押さえた仕事のやり方や、複数顧客への対応方法が分からないのであろう。

毎日勉強する習慣を

筆者は再三、IT偏重の害を述べているが、ITがSEの基本であることに変わりはない。若手SEには、「技術は人から教えられるものではなく、自分から取りに行くもの」ということを教えるべきである。いわゆる自己啓発の姿勢とその習慣を新人の時に身に付けさせることが成長のカギを握る。

前述したように、筆者はかつて、新人SEに「酔っぱらって帰宅したとしても、必ずマニュアルを1ページ読め」と指導していた。マニュアルを読み、マシンを使っていればどんなSEでも一応のレベルにはなれる。

問題は生涯それを続けられるかどうかである。若い時に、自己啓発の習慣を付けなければ、SEの成長は必ず止まる。「マニュアルを読む」といった単純なことを馬鹿にしてはならない。毎日勉強しようとする姿勢が自己啓発力を醸成し、技術を追求する姿勢や疑問に対する探求心を養う。

技術面のみを強調するな

一般にSEは仕事柄注意しないと気持ちが技術偏重になりバランス感覚を欠きやすい傾向を持っている。したがって、SEマネジャは部下のSEが技術偏重にならないように、「SEがシステムに詳しいのは当たり前である。しかしそれだけでは不十分である」ということを常日ごろ、若いSEへ教え込む必要がある。

SEマネジャが技術面ばかりを強調しすぎて、挨拶とか資料の作り方、約束を必ず守るといったビジネスパーソンの常識、SEとしての心構えなどノンテクニカルな面の指導をおろそかにすると、部下のSEもノンテクニカルな面を軽視するようになり、システム偏重・技術偏重の頭でっかちなSEになりかねないものである。

本来は、仕事が目的で技術に強いこと自体は手段であるのに、技術に強くなることが目的と考えるようになり、誤った価値観が身に付く。そうでなくてもSEの多くは技術に強くなることに強い好奇心と欲求を持ち、ノンテクニカルな面に無関心の傾向がある。

COLUMN　わたしのＳＥ歴

筆者は１９６５年に日本アイ・ビー・エムに入り、それ以来30年以上もＳＥにこだわることになった。といっても、最初からＳＥを目指したわけではない。ＩＢＭへ入ったのも、ＳＥになったのも偶然だった。

１９６５年から１９７０年まで５年間は大阪で、運輸業界を担当した。当時は日本ＩＢＭの中で最もマイナーな部署で、お客様は数件、担当ＳＥも数人足らずだった。配属されるといきなり数社のお客様を一人で担当するように言われて驚いたものである。コンピューターの導入から、開発プロジェクトのマネジメント、トラブルシューティング、通常の技術サポート、全部やらされた。

運輸業界はコンピューターをいよいよ入れようという時期で、お客様がまったくシステムの経験がなかった。それで新人がなんとか担当できた面もある。これがものすごく勉強になった。企業がコンピューターを入れるとはどういうことなのか、お客様の部長や担当者は何を考えるものなのかを体験できた。

もっとも当時は結構、悩んでいた。同期のＳＥは大手顧客で最先端のオンラインシステム構築をやっているのに、自分はまだバッチシステムで後れを取るのではないか、といった悩みである。上司にもよく頭に来ていた。筆者が担当していた中小の顧客などはまったく訪問せず、報告書を出してもまじめに読まない。

上司を見返そうと思ったわけではないが、新規顧客の開拓に力を入れた。自分が勉強したい新しい製品をお客様に売り込む努力もした。１９７１年に東京へ異動になった時には顧客も増えて、筆者一人でほぼ９社を担当していた。

９社も担当すると要領よく仕事をしないと潰れてしまう。試行錯誤の末、顧客がＳＥにやってもらいたいことの優先順位の付け方を会得した。悪く言えば、顧客をコントロールする方法である。言いなりにさせるという意味ではなく、お客様が困らないように、先手を打って水先案内をするコツである。

１９７１年に東京へ異動してから１９７４年まではＳＥとして、その後はＳＥマネジャとして１９８５年まで現場にいた。ここまでが筆者のＳＥ、ＳＥマネジャ歴と言えよう。この間、運輸に加えて、通信・電力・ガスといった公益企業を担当した。すべて超大手企業だった。担当してみると技術的な深さは違ったが、仕事の範囲は大阪時代とまったく同じであった。システム部員が10人でも、２００人でも、システム部長の悩みは同じだった。東京に来て、つくづく大阪時代に得がたい経験ができたと思ったものである。

鉄則30●IT偏重の新人教育を止めよ

IT偏重のSEは顧客から信頼されない。本書で何度となく繰り返しているメッセージである。新人を育てるときにも注意すべきである。チームワーク作りや交渉力がSEにとって必須であることを新人のときからたたき込む必要がある。

あるシステムインテグレーターの経営者から相談を受けたことがある。「我が社のベテランSEは技術力はあるが、プロジェクトの状況を聞いてみると、まともに説明できるものは少ない。交渉力や指導力も乏しい。若いうちはそれでいいかもしれないが、ベテランSEになれば自分の仕事をコントロールすることは当然として、プロジェクトを引っ張ったり、後輩を指導できないと困る。何とかしたいがどうしたらよいか」。

筆者はまず次のことを指摘した。「SEはよほど注意しないとITに引っ張られてしまい、指摘されたようなSEが生まれやすいです。わたしの経験ではSEがどのように育つかは、入社5年、長く見ても20歳代の頭の柔らかい時までに、どれだけSEとしての土台を作ったかによって大体決まります。その間にどのような指導を受け、どんな仕事をして、どれだけ視野を広げたか、すなわちSEとしての心構えをしっかり持てたかどうかによります」。

実際、現在多くの企業でこの経営者が指摘したような問題が起こっている。これまで通りの指導をしていても、しょせんはこれまで通りのＳＥしか育成できない。重要なのは、これまでとは変わったやり方をすることだ。現在のＩＴ偏重のＳＥ教育や育成のやり方を考え直し、新しいやり方を追求すべきである。

筆者はこの経営者にこう申し上げた。「ＳＥ教育・育成の一大改革が欠かせません。とりわけ若い時にＳＥとしての土台を作ることができるように、改革をするべきです」。

新入教育で求めるＳＥ像を提示

筆者はＳＥに関する問題の多くは、ＩＴ偏重の新人教育から始まっていると思う。社会人になりたての右も左も分からないＳＥの卵にＩＴ一辺倒の教育をすると、「プログラミングがうまく、製品をよく知っているＳＥが優秀だ」と勘違いする新人が出てきてしまう。ただでさえ偏差値教育を受け、英語や数学ができれば優秀と思いがちな若者に、社会人になっても、同じような詰め込み教育をしてはならない。

そうではなく、ＳＥはＩＴに加えて、チームワークや表現力・指導力も重要だと新人のころから分からせなければダメだ。すなわち、企業としてどんなＳＥを求めているのか、ＳＥの持つべき能力は何か、その具体的なイメージを新人教育で植え付けるべきである。こうした基本を教えもしないで、後になって「うちのＳＥは技術偏重で困る」などと言っても始まらない。

新人教育は「ＳＥの土台作り」の第一歩である。繰り返すが、ＩＴだけではなく、ＳＥに必要なことを総合的に教えるべきである。ＳＥの仕事の目的は何か、ＳＥのキャリアパスはどうなっているか、5年後10年後にこんな仕事ができるＳＥになってほしい、といったことをきちんと示す必要がある。そして会社が求めているＳＥになるために、ＩＴ、アプリケーション、チームワーク、表現力、政治力、管理力などが不可欠であることも教える。すると若者はそれを目指すものである。

ただし、いくらこう言っても、往々にして「当社のＳＥはどんなシステムや製品のスキルを持つべきか」という議論に流れやすい。そんなことはＳＥが持つべき能力を新人に教える話と何の関係もない。

重要なのは、「ＳＥの土台」と、ＩＴ分野の位置づけをＳＥの出発点で植え付けることである。ＳＥの仕事はＩＴのスキルだけではできない。ＩＴは重要だがそれだけでは半人前である。このことを徹底すべきだ。つまり、「C言語入門」や「インターネットの仕組み」といったＩＴ教育だけでなく、ＳＥの心構え、資料の作り方や説明・応答の仕方、チームワークや顧客対応の重要性を分からせる教育も盛り込まなければならない。

しかも、単に講義で説明するだけでなく、チームで課題演習をしたり、ロールプレイなどを通じて、SE実務の疑似体験をさせ、「IT以外に大切なことがある」と新人に実感させるところまでやるべきである。こうした新人教育を実施している企業も一部にはあるが、まだそう多くはない。

IT教育だけでは大成しない

現在、ほとんどの企業はIT漬けの新人教育を実施している。SEの卵は入社直後の新人教育で、「麻美さんはC言語に強い」、「敬子さんはプログラミングが速い」と言い交わす。これでもかこれでもかと数カ月間、ITを勉強した後に現場へ配属されたSEの卵は、不安にかられながら先輩について行ってプログラムやシステムの導入などを始める。プログラムが無事通ったり、システムがうまく動くと達成感を感じる。現場で今まで知らなかった技術を理解すると大いに喜び、他の人より劣れば恥と思って努力する。

こうして多くのSEは数年間、一日一日、未知のITを覚え、利口になった気分になる。この数年間は時間も忘れるくらい面白い。しかし、このようなIT一辺倒の仕事を何年間もおくってしまうと、チームワークや表現力、指導力などが必要だと頭で思っていても、その方面の努力は疎かにならざるを得ない。なぜならSEはITのほうが好きだからである。

このまま育ったＳＥがある年齢になって急にプロジェクトのリーダーをやれと言われても、まともな仕事ができるはずがない。幸いにして、しっかりした先輩やＳＥマネジャについた若手はきちっと指導されるので救われる。ただし、それは若手ＳＥ全体のせいぜい10％か20％に過ぎない。

新人のときにＩＴ以外の重要性について教え込まれたＳＥは、現場に出てから資料や報告書を作るにしても、説明をするにしても、「新人教育の体験」を思い出して仕事をする。素直で真面目で純粋であり、それが新人の良いところである。そして先輩から「ＩＴ以外の心構え」を一生懸命学ぼうとする。中には変な先輩を見習って変に育つ新人もいるかもしれないがそう多くはない。

新人教育でＩＴだけでなく心構えや表現力などの重要性も教えられ、それを日ごろから意識して仕事をするＳＥと、ＩＴだけを習いＩＴに強ければよいと錯覚して仕事をするＳＥ。両者の差は数年たつと途方もなく大きくなる。事実、あるインテグレーターにおいては、ＩＴ以外のことも教える新人教育を始めた年代のＳＥと、ＩＴ中心の教育を受けたＳＥとで、明らかにその後の成長で差が出ている。

ただし、このような新人教育をやれば教育期間はＩＴ一本の教育より少なくとも2～4週間は余計にかかり、新人が戦力になるのが遅れる。その費用対効果をどう見るかは各企業の判断である。筆者はこれまでの経験から、新しい新人教育に挑戦してみる価値は十分あると考えている。

さらに、新人教育のみならず、5年ごとぐらいに、「ＩＴ以外の教育」を実施し、「ＩＴは重要だがそれだけではない」としつこくＳＥに意識させたほうが良い。そうでないとＳＥは無意識にＩＴに引っ張られ、冒頭の企業の経営者の悩みは永久に解決しないことになりかねない。

この点に注意して、ＳＥマネジャはＳＥがこのような大錯覚に陥らないように、「第一線で働くＳＥの基本は、技術面とノンテクニカル面のバランスにある」ことを常に意識させる行動をとる必要がある。

もちろん、これはＩＴに弱くても良いと言うことではない。ＩＴはあくまでもＳＥのベースであり、それがない人はＳＥとはいえない。しっかりしたＳＥは物の考え方・価値観から来る「仕事に対する心構え」が土台になってその上に技術力がある。決して逆ではない。こうしたバランスがとれたＳＥほど、スキルが高いＳＥと言える。

鉄則31●組織力を発揮できるＳＥ集団を育てよ

SEマネジャはチームワークに富む集団を作り、お客様の期待にこたえていかなければならない。チームワークを発揮するためにSEマネジャはまず、部下のSEの仕事に対する考え方・価値観をそろえる必要がある。

SEマネジャは各SEを、技術力があり、物事の考え方のしっかりした、組織力を発揮できるSEに育てて、少数精鋭のSE集団を作り上げなければならない。一般に、エンジニアのチームワーク作りは難しいと言われる。しかし難しいからと言って今の時代に属人的な力に頼る旧態依然の仕事のやり方ではお客様が困る。ましてレベルの低いSEをアサインされたお客様はたまったものではない。

SEマネジャはこの点を認識し、お客様の期待にこたえるべく、組織で仕事ができる、「チームワークの良いSE集団作り」にチャレンジすべきである。SEマネジャが「一人や二人のSEでは一体何ができるのか」という問題認識を持ち、チームワークの良いSE集団を作っていかない限り、ビジネスの成功は望めない。

1997年はNHKの大河ドラマで毛利元就が放映されていたが、「三本の矢」のたとえのように、一人のSEにはそれほどの力はなくても、三人のSEが結束すると大きな力を発揮できる。そのようなチームワークのあるSE集団を作ることが、SEマネジャが存在する理由である。

SEマネジャが組織力・機動力がありチームワークを発揮できる組織を作り上げるために追求するのは鉄則3で述べたケース（A）の自発的・建設的な関係が成立するケースである。つまり部下のSE同士の価値観を合わせることが必要である。

価値観をそろえることができないと形式的なチームワークしか生まれない。「自発的・建設的なチームワーク」を作るために、SEマネジャは「SEの物の見方・考え方、価値観」について、機会あるごとに部下のすべてのSEに向けて根気よく教育していく必要がある。もちろん仕事に関する物事の価値観を均一にするといっても、個性を殺すという意味ではない。

考え方・価値観があっていて、かつ先輩が後輩より「力」があるのがベストの状態だが、こうした「力」がなくてもとにかくメンバーの価値観があっていればなんとかなるものである。

いずれにせよ、SEマネジャが価値観があまり違わない、技術力があるSEを育てることによって初めて、組織力と機動力が生まれ、一人ひとりのSE戦力が結集して大きなSE戦力となり、より大きなビジネスにチャレンジできるのである。

言うまでもないがSEマネジャ同士のチームワークを築くのも、この価値観の論理による。SEマネジャ同士のチームワークが良ければ、より上位のSE組織の戦力がアップするわけで、SEマネジャはマネジャ同士のチームワークについても気を配らなければならない。

ここで筆者の実例を述べる。結論から先に言うと、筆者が目指したSE集団は、「チームワークに富む自発的行動集団」であった。筆者が初めてSEマネジャになったのは、1974年である。

SEマネジャになった当初は、先輩マネジャのやっていたことをがむしゃらに真似ていた。だが、次第に自分のSE組織の問題点が見えてきた。「このままでは顧客に失礼だし、同業他社に勝てない。なんとかしなければ」と悩んだ。

現在のビジネス形態とは違うとはいえ、当時担当していた顧客やビジネスの規模に比して、とんでもない弱体SE集団であったことは確かだ。担当顧客は15件ぐらいあり、大型システム中心で有名企業も相当あった。にもかかわらず、12人いた部下のうち、入社1年生が6人もいた。次が大型システムの導入を経験していない2、3年生が3人と、大型システムの導入を初めて終えたばかりの4年生が1人。残る2人は経験豊富なベテランだったが、あいにく中型システムの経験しかなかった。

これでは12人いても、スキル不足は否めなかった。弱体集団だったので、技術力を見ると顧客のほうが強いケースが結構あった。したがって、クレームもしばしばもらっており、息が抜けず苦労した。

若手SEが「馬場さん、△△プロジェクトの総合テスト計画を作りました」と言ってきても、そもそも総合テストの経験がない連中ばかり。筆者は必ず、「その計画はお客様のどなたと作ったのか」と尋ね、顧客の担当者の名前を聞いて、その計画の確かさを判断していたほどだった。問題が起こっては困るので、ほとんどの総合テストに付き合った。

部下のミスのために、社内やお客様に頭を下げることもしばしばあり、何でこんなに苦労しなければならないのかと思ったこともある。ちょうどそのころ、巨人の長嶋監督がV9達成後の若手中心のチームを率いて頑張っていた。中日ファンの筆者ではあるが、「おれもこの若手SE集団を強くするぞ」と気を取り直したものである。

そこで目指したのが、冒頭で述べた「チームワークに富む自発的行動集団」であった。SEマネジャがいちいち指示するのではなく、SEたちが自分で状況を判断でき、SEに期待されている行動を自発的にとれる集団作りを狙った。一人ひとりが第一線のSEとしてのスキルを持って仕事をし、その上でお互いが得意分野で助け合えば、顧客に幅広いスキルを提供でき、ご満足いただけると考えたからである。言うまでもなく、個々のSEが自分勝手、好き勝手にやってよいということではない。筆者が特に力を入れた五つの点を述べる。

ピラミッド型のチーム作り

先輩は後輩を教え、後輩は先輩を尊敬するチーム作りを考えた。良い後輩が良い先輩の下で育つ、いい意味のピラミッド型のチームを作りたいと思った。苦労している若いSEのそばを通っても声もかけないとか、後輩の質問に親切にこたえないような先輩がいたのではチームワークは生まれない。若手SEも育たない。それには各SEが、後輩は後輩なりに、先輩は先輩なりに、技術力とSEとしての心構え、顧客やビジネスに対するしっかりした考え方を持つことが不可欠である。

そこで、ジョブアサインにかなりの努力をした。一人ひとりのSEが自分のスキルを向上でき、仕事の範囲や視野を拡大できることを狙った。システム基盤だけでなくアプリケーションまでやらせるとか、小規模顧客だけでなく大規模顧客も担当させる、など乱暴なことも結構やった。

SE全員にSEの「価値観」を徹底　「SEの価値観」については鉄則29で述べたのでそれを参照していただきたい。当時、筆者の考えを押しつけるのではなく、SEが自分で理解・納得できるように気を配った。例えば、SEを交えた会議で「顧客」、「ビジネス」をどう考えたらよいか説明し、全員で討議した。日ごろの仕事の中で、「それはこう考えたほうがよい」と教えたり、酒の場ではよく議論や口論をした。根気強く、このようなことを続け、部下のSE全員の物事の判断基準をできる限り、揃えることに傾注した。

無我夢中で若手と一緒に汗を流す　若手SEが初めて担当するシステム開発・導入や販売

活動では、システム開発・導入の計画の作り方、開発・導入のやり方、提案書の作り方、テストのやり方、トラブル対応の仕方など、仕事そのものの基本を、とにかく手取り足取り教えた。さらに、ＳＥとしての仕事の取り組み方・心構え・考え方もそのつど教えたものである。

価値観が違うＳＥに気を使う　周りのＳＥと価値観が合わないベテランＳＥの処遇にはかなり苦労した。下手をすると「悪貨が良貨を駆逐する」、つまり後輩に悪影響を及ぼしかねない。本人には悪いがそうしたベテランには後輩ＳＥを部下につけないようにした。人事異動も断行した。もちろん、腹を決めるにはそれなりの度胸が必要だった。しかし、ベテランを出すことで戦力が1人減って苦労をしても、数カ月もたてば若手が成長してなんとかなることが分かった。目指す集団を作るにはそのほうが早かった。

一方、若手ＳＥの中には、どうしてもある程度以上スキルが伸びず、周りのＳＥについていけないものも出てきた。その時は、「飼い殺し」は禁物と考え、そのＳＥの適材適所を検討し、新しい分野へ異動できるように努力した。

公平なジョブアサインと公平な人事評価　各ＳＥに表彰などのチャンスがある仕事を公平にまわすように注意した。人事評価や表彰の推薦でも公平さを常に意識した。正直者が馬鹿を見るようなことをしていないか、このＳＥを表彰すると他のＳＥは喜んでくれるかどうか、こんなことにまで結構気を配った。一つ間違えるとチームワークが乱れるからである。

少数精鋭集団を実現

今書くと自慢話かもしれないが、当時はただただ苦労した。それでも3、4年後には、「一人ひとりがしっかりした仕事ができ、モラールも高く、職場も明るい素晴らしいチームワークのSE集団」が出来上がったと思う。入社して来る新人SEもしっかり育つようになった。その上、大きなビジネスも少人数でこなせるようになり、結果として受け持つビジネスの規模も拡大した。すなわち、「少数精鋭のSE集団」になれた。

当時、象徴的なことがあった。我々のSE組織に転入してきた中堅SEがある時、「馬場さん、○○SEがトラブルで困っているので応援に行ってよろしいでしょうか」と言ってきた。筆者は「なぜそんなことをおれに聞くのか。都合がつけば行ったら」と答えた。そのSEは妙な顔をしていたものである。

我々のSE組織で、仕事をしていて困ったらSE同士がお互いに連絡を取り合い、SEマネジャ抜きで判断し、自分の担当外の顧客であっても「勝手に」助けに行く文化が出来上がっていた。途中から来たSEは、それがまだ分からなかったわけだ。これが筆者が目指した「自発的行動集団の姿」である。こうした集団の基本は、メンバー全員の技術力と信頼関係であった。

鉄則32 ● 日常の行動指針を分かりやすく示せ

SEマネジャはSEに対し、SE自身が日ごろ心がけるべき行動指針を与えなければならない。毎年の仕事始めなどに、「締め切り日は厳守、読みやすい資料を作れ、自分の意見を述べよ」など身近な事柄についての行動指針を与えることだ。

SEマネジャは「考え方のしっかりした、組織力を発揮できるSE」を育て、ビジネスを発展させなければならない。そのためには、これまで述べた「SEマネジャの基本」と、後述する「リーダーシップあるSEマネジャがとるべき行動」を十分理解してマネジメントをすることが前提となる。

同時に、「日常の仕事でこれだけはSE自身が心がけるべし」と言う身近な注意点を列挙し、これらをSEの行動指針として部下のSE全員にオープンにするべきである。そして行動指針に沿った活動をSE自身ができるように常日ごろ、努力させる必要がある。そうすることで、SEの物の考え方・価値観を揃えられる。当然ながらSEマネジャ自身が「率先」

図●SEの持つべき能力の概要

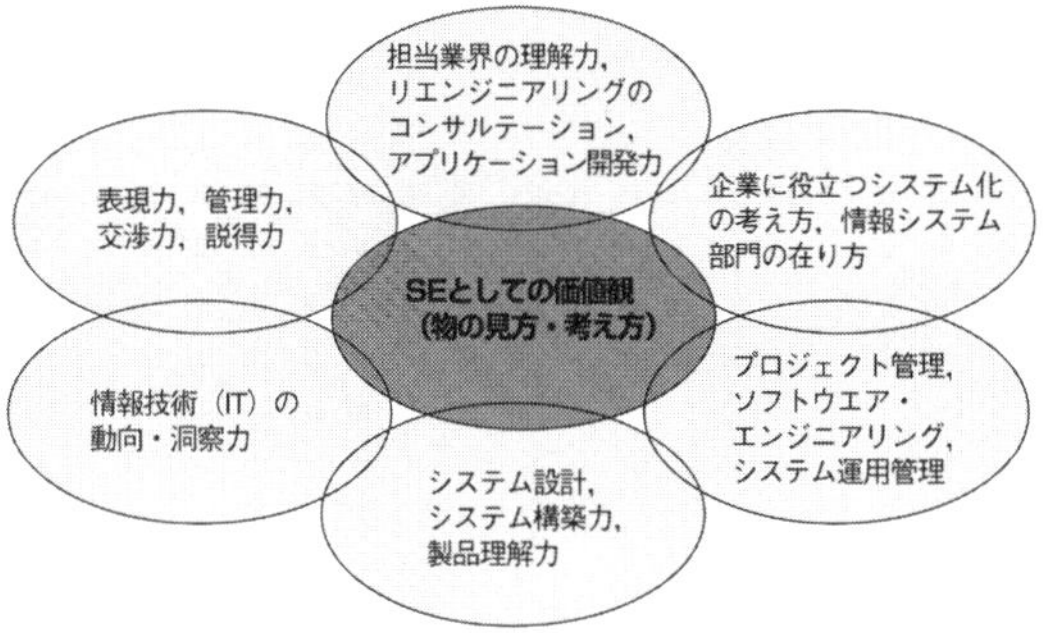

して行動指針にのっとった活動をしなければならない。

行動指針の実例として鉄則23で掲げたものがある。今から見れば古めかしい項目もあるが、筆者がSEマネジャの仕事をしたときに実際に使っていたものである。読者のSEマネジャの方々が自分の指針を作るときに参考にしていただきたい。

指針は「分かりやすく当たり前の事柄」であることが重要である。その観点で各項目をもう一度見ていただきたい。運用に当たってはSEの自覚を促すことが基本である。あまり厳しくチェックし過ぎて部下がピリピリするようなやり方は厳禁である。あくまでも目的はSEの育成にあり、価値観を揃えることにあるからだ。

筆者はこの「価値観」を、最前線で働くSEが身につける多くのものの中核に位置付けるべきと考えている（図）。

人間（SE）はその人が持っている物の見方・考え

方、価値観によって物事を判断し行動する。お客様の担当者と相談しているとき、SEマネジャと話しているとき、営業担当者と何かの問題で交渉をしているときには必ず判断がつきまとう。

その場合、相手の要求に対し「Yes」と判断して行動をとるか、「No」と判断して行動をとらないかの「判断の基準」は各SEが持っている物の見方・考え方の価値観によるものである。

価値観がしっかりしていれば、お客様から「あのSEはいい加減で信用できない」などと思われるような仕事のやり方はしないし、社内でもメリハリのある行動をとるはずである。SE同士、営業担当者、マネジャについてもお互いの価値観が合っていれば、自発的・建設的なチームワークが可能になり、仕事上の打ち合わせの数も減る。マネジャにいちいち相談するようなこともなく、お互い効率よく働ける。

鉄則33●リーダーシップをとるSEマネジャ12の行動

SEマネジャには、「マネジメント・リーダーシップ」が必要である。強いリーダーシップを持つSEマネジャになるには、「独りでぶらっとお客様を訪問する」をはじめと

図●SEマネジャの基本

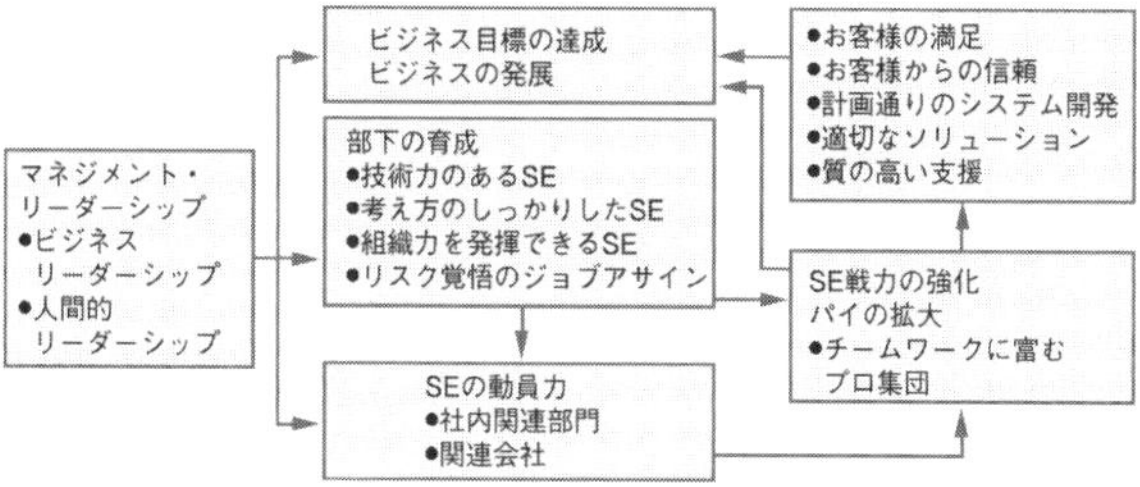

する、12の行動を理屈抜きで始めることだと筆者は考える。

ここでこれまで述べた骨子をまとめておく。SEマネジャの基本は、「ビジネス目標（事業計画）の達成」と「部下の育成」である。この両者の重要度は5対5であり、SEマネジャがこの職務を遂行するには、ビジネス面と人間的な側面のリーダーシップがなければならない。すなわち、お客様・営業マネジャ・SEなどに対する発言力と部下のSEを引っ張って行く力、「マネジメント・リーダーシップ」が必要である。

そして、リーダーシップを発揮して部下のSE一人ひとりをお客様から信頼される技術力のある「しっかりした、チームワークに富むSE」に育て、「SE戦力」を強化し、より大きなビジネスに挑戦する。同時にお客様にご満足いただける仕事をしなければならない。

言い換えれば、与えられた人員で最大限の仕事を行い、部下のSEがビジネスと自分の成長を目標に生き生きと働く。それが最前線で働くSE部隊のマネジャのあるべき姿であり、追求すべき道である（図）。

以上について読者の方が「なるほど」と思われた点があったら、日常の仕事にぜひとも生かしていただきたい。SEマネジャの方々が本書を考え方・理論の勉強だけで終わらせずに各人の実務で生かし、「ビジネス目標の達成」と「部下の育成」にチャレンジされることを切望するものである。

カギはリーダーシップにあり

マネジメント・リーダーシップが弱いSEマネジャは、過当競争のIT業界で必然的に年中ビジネスに追いまくられ、SEを育てるどころではなくなる。その年の利益・売り上げ目標などをなんとか達成したとしても、部下のSEが育たなければチームの戦力を強化できない。その結果、お客様のご満足度がだんだんと下がりビジネスも厳しくなっていく。

そこでここからは、「リーダーシップのある行動」というテーマに絞って、強いマネジメント・リーダーシップを持つSEマネジャになるにはどのように行動すればいいのか、具体的に解説していく。

「おれはお客様への発言力がなく、部下のSEも引っ張れない。リーダーシップを身に付けたいが何をすればいいか分からない」と悩まれているSEマネジャの方々はぜひとも参考に

表●リーダーシップのための12の行動

SEマネジャは理屈抜きで次の行動をとるべきである。そうすれば自然にリーダーシップがとれるようになる。12の行動は継続しなければ価値はない。12のうち，5前後しか実践できないようではマネジャを降りることを考えたほうがいい
ビジネスでリーダーシップをとるための行動
●独りでぶらっとお客様を訪問する ●積極的にビジネスの話をして，セールス（販売活動）に強くなる ●システムの開発・導入プロジェクトは自分でレビューする ●社内の関連部門に顔を出す ●SEと営業担当者の報告書やメモには必ず適切なコメントを書く ●部下に対して，仕事に関する物の見方・考え方，価値観を徹底指導する ●全員に一緒のことを伝える ●情報は即座に自分の意見を添えて関係するSEへ伝える
リーダーシップを強化するための行動
●締め切り日は厳守する ●My Positionを貫け ●片腕のスタッフを作れ ●昇進・表彰・資格取得を意識したジョブアサインを

していただきたい。ベテランのSEマネジャの方なら自分自身のリーダーシップについて定期検診のつもりで読んでほしい。

そして、お客様から「この会社のSEと付き合ってよかった、この会社のSEはすごい、彼らの価値は人月単価などでは計れない」と評される強力なSE部隊を作り上げるよう頑張ってほしい。

まず12の行動から始めよ

SEマネジャが強い「マネジメント・リーダーシップ」を身に付けるには、理屈抜きで表に示す「12の行動」をまず始めることである（表）。ちゅうちょしないでまず行動を始めることが重要である。12の行動を続けていると自然とリーダーシップが身に付く。これは筆者の30年間にわたるSEおよびSEマネジャ経験から断言できる。日ごろからキチッと12の行動がとれるSEマネジャは強いリーダーシップを持っており、システム開発やセールスといったビジネスも、部下の育成もうまくいく。SEマネジャの方々は度胸を決め、表の「12の行動」を知恵と工夫で一つひとつ地道に実践して、新しい自分の可能性を発見し、新たな道を切り開いてほしい。

12の行動は、ビジネスに直接関係する必須の八つの行動と、直接ビジネスに関係はないがリーダーシップの強化に関係する四つの行動からなる。

12のうち、10以上の行動がとれるSEマネジャが合格で、5前後ではSEマネジャとして失格と筆者は考えている。読者の皆さんの意見はどうであろうか。12の行動のうち、とりわけ重要なものは、筆頭に挙げた「独りでぶらっとお客様を訪問する」である。これができないと他の項目もうまくできない。

鉄則34●独りでぶらっとお客様を訪問する

リーダーシップを身に付けるためにSEマネジャがまずとるべき行動は、「独りでぶら

表●「独りでぶら訪問」の効果

①顧客に満足頂けるような，SE・営業活動ができ，顧客の会社への信頼が増す
②顧客の状況とビジネスの状況の両者を考えた効果的・効率的なSE・営業活動ができる
③SEマネジャがSE・営業担当者の仕事の状況を把握することで，SE・営業担当者のやる気が向上し，彼らのマネジャに対する信頼感が増大する
④顧客から見たSEの評価が分かる
⑤SEマネジャ自身が顧客に信頼されることにより，SEグループの自社内における発言力が増す

っとお客様を訪問する」ことである。顧客の日ごろの状況、考えや不満、プロジェクトの隠れた問題点、部下のSEの仕事振り、などは定例の会議だけでは分からない。

この「独りでぶら訪問」はかつて筆者が本書の元となった小冊子を当時の職場で配布したとき、多くのSEマネジャから最も評判が高かった項目である。会社のエレベータの中で突然、「馬場さん、小冊子を読みました。〝独りでぶら訪問〟ができるように頑張っています」と言われたことがしばしばあった。

第一線で働くSEマネジャはとにかくお客様を訪問すべきである。「顧客」を知り、「SEの仕事の状況」を知らなければ何もできない。状況をつかむだけではなく、提案中のシステムの価値を強調するとか、プロジェクトのやり方・体制強化に関し、技術の責任者として適宜説明するなど、SEや営業担当者が仕事をやりやすくなるように側面から援助するこ

とも大切である。

「独りでぶら訪問」は、部下のSEが仕事をしているすべての顧客、すべてのプロジェクトを対象に実行しなければならない。顧客やプロジェクトを数多く担当しているSEマネジャは大変だが、年間に延べ200～250回の訪問は期待したい。

独りで顧客を訪問するには結構、度胸がいる。いざ訪問しようとすると、「用件もないのに会っていただけるか?」、「自分が知らないことを尋ねられたら?」と不安になるからである。とにかくまずやってみることである。会ってもらえなかったとか、冷や汗ものの説明をしてはずかしい思いをすることもあるが、訪問を3～4回続けていればだんだんと具体的な話ができるようになる。

顧客に馴れるまでは聞き上手に徹して、自信がないことは積極的に話さないように注意しながら辛抱強くいろいろと工夫して訪問を続けることである。そうすれば、「独りでぶら訪問」を読者の皆さんは必ずものにでき、表に示すような大きな効果が得られるはずである。

「独りでぶら訪問」のポイント

アポイントメントを取らない

突然の訪問のほうが顧客の本音を聞き出しやすい。ぶらっと独りで訪問し、「少しお話を伺いたいのですが時間をいただけますか」と声をかけ、お客様

表●「独りでぶら訪問」の工夫

- しっかりしたSEが担当している顧客については手を抜く。ただし，SEがしっかりしているかどうかの判断は顧客を何回か訪問してから行う
- 大きいプロジェクトや大企業ばかり訪問しがちになるので注意する
- 自分が昔SEとして担当した顧客への訪問は最小限でよい。一般にSEマネジャはこの逆をするが，自分が知らない顧客への訪問こそが重要である
- 訪問日を決めて，その日はそれに徹して数件の顧客を訪問する
- 訪問がなかなかできなくても，すべての顧客のキーパーソンにSEマネジャの名前を覚えていただくことは最低限必要である。名前を覚えてもらえれば，時には電子メールや電話で，「ぶら訪問」を代替できる。ただし，顧客の本音はやはり会わないと聞けない
- 都市部なら，年間のべ250回ぐらいは訪問できる。これが目標値である
- 訪問のしすぎはSEマネジャの価値を下げることを忘れるな

の机の前などで1対1で話すのが望ましい。アポイントメントを取っていくと、顧客の管理者は部下を同席させたりして通常の会議になってしまいがちである。

担当者と必ず話す　訪問したときは管理者だけでなくSEが日ごろ一緒に仕事をしている顧客の担当者とも必ず話をする。不在の管理者や担当者には「ご不在なので失礼します。また伺います」というメモを残しておくと信用も増す。訪問にあたっては、まず自分が苦手とする管理者から真っ先に訪問するとよい。

問題を尋ねる　お客様の方々と話をしながら何か問題がないか尋ね、問題があるようなら担当者にも聞いて、判断する。その場合、顧客の立場で物事を考えていないと顧客の真意はなかなか聞けない。特に、その顧客を初めて担当するSEがいる場合は気

をつけたい。

訪問で気になる問題もなくほとんどが雑談で終わるほどよいことはないが、そのときは担当ＳＥの力をＰＲすることを忘れてはならない。

大手ユーザーにおられることが多いが、システムや技術に強い管理者や担当者と話すときには要注意である。こちらもプロジェクトの状況・問題点・見通しなどを論理的に説明でき、顧客が苦労している点が分かり、さらにＩＴと顧客の業界に関する知識・見識がないとまったく相手にされない。

稼働前後は必ず訪問　システムのカットオーバー前後の訪問は不可欠である。特に、カットオーバーの前には準備状況をよく確認し、顧客側の責任者がプロジェクトにどのくらい注意を払っているかについても把握するべきである。万一、問題が発生したときにとるべきアクションもあらかじめ考えておく。

でしゃばらない　顧客からクレームをもらったときに、「分かりました、ＳＥにやらせます」と約束しては絶対いけない。「その件についてはわたしがＳＥに聞いて判断し、ＳＥより連絡させます」と答える。ＳＥにやる気、当事者能力、責任感を持たせるためである。

往々にして〝でしゃばりマネジャ〟はＳＥの意見を聞く前から、お客様のクレームを引き受けて帰って来ることがあるが、そんな訪問ならしないほうがまだましである。訪問結果は必ず正確にSEや営業担当者に伝え、必要なときは仕事のやり方を指導する。このほかの工夫を表に示した。

「独りでぶら訪問」はマネジャの基本

この「独りでぶら訪問」はSEマネジャがリーダーシップを身に付けるための基本であり、第一線のSEマネジャの仕事のベースとなる。

SEマネジャが訪問してプロジェクトの状況について具体的な話をすることにより、会社としてプロジェクトに注意を払っていることがお客様に分かってもらえ、お客様は安心される。

顧客からクレームを受けたり、顧客に不安感を与えているようでは、決して顧客との信頼感は生まれないし、SEも育てられない。こうしたことにならないように、SEマネジャはチームワークに富むSE組織を作り緊急時に動員できるようにしておくことが大切である。

また「独りでぶら訪問」はSEの人事評価にも役立つ。顧客から見た評価も考慮しないと正しくSEを評価できない。SEから見ても、上司が訪問してくれないとさびしいものであるし、あまり訪問もしない上司が自分の仕事を評価することに抵抗を覚えるものである。

「独りでぶら訪問」について最近、「今日のIT業界で、実践するのは容易ではない。物理的に無理と思う」という意見をもらった。そこでもう少し補足したい。確かに以前に比べてSEマネジャが担当する顧客の数は大幅に増え、ITも複雑になっている。しかし、筆者が提言している、「顧客をぶらっと独りで訪問する（ぶら訪問）」は、SEマネジャが自分の職務をまっとうするためには必ず、「行わなければならないこと」である。とは言っても、企業顧客を受け持つSEマネジャが把握できる部下の数や顧客の数には自ずと限界がある。どんなに多くても、「SE数×顧客数」が400から500の間であろう。

十分に「ぶら訪問」ができない時には、SEマネジャは工夫するしかない。SEマネジャが自分で手が回らない範囲をベテランの部下に権限委譲して自分の訪問時間を作るとか、上司や会社に「これでは顧客や部下への責任を果たせない、よってこのようにしてほしい」と要請すべきである。

鉄則35●ビジネスの話をしてセールスに強くなる

SEマネジャは、「積極的にビジネスの話をしてセールス（販売活動）に強くなる」ことである。SEがお客様のため、会社のために「良い仕事」をするにはSE一人ひとりがビジネスにもっと関心を持ち、セールスに強くなる必要がある。

表●積極的にビジネスの話をすることの効果

①営業とSEのチームワークが築け，ビジネス目標が達成しやすくなる
②営業とSEが切磋琢磨でき，お互いの能力が向上し，顧客サービスの質も向上する
③SEのアサインメントを変更し易くなり，SEが育つ
④SEにセールス能力，対人処理能力，ビジネスマインドなどが身に付き，モラールも上がる

SEは仕事柄、営業が受注したシステムの開発・導入が仕事の中心であるため、考え方が「受け身」になりやすい。「営業が無理なセールスをしたからシステムの開発で苦労する」とか、「売れもしないのにサポートばかり要請してくる。もっと営業はしっかりやってくれ」といった具合である。時には愚痴の一つも言いたくなる気持ちは分からないではないが、そんなことばかり言っていては、「営業との信頼関係」は永遠に生まれない。

会社を代表する「営業」と、システムに責任を持つ「SE」は「車の両輪」である。お客様にとっては情報化を推進するための両輪であり、会社にとってはビジネスを拡大する両輪である。

この両者が切磋琢磨し助け合って働き、各々の職務をキチッと果たさなければ、お客様に満足していただけないし、当然ながらビジネスも上手くいかない。SEのリーダーであるSEマネジャは「愚痴は酒場の話」にとどめ、率先して営業と信頼関係を築くよう努力しなければならない。ここで重要なのはサポート側のSEから、営業とチームワークを良くする努力をすることである。営業から働き

かけがあるのを待っていること自体が受け身の姿勢である。

営業との信頼関係を作るためにSEマネジャが心がけることは大きく二つある。第1に、SEマネジャはビジネスに関して営業と積極的に話をするようにし、ビジネスに取り組む姿勢や態度を具体的に表に出さなければならない。一般にSEは寡黙かつ遠慮がちで、ビジネスに無関心な人種と見られがちだが、そうした印象を自ら払拭するべきである。

特に営業のビジネス目標達成にかかわる事柄、たとえば「今年度は達成まで残り何億円、そのためにはSEは何をやればいいのか」という話をして、営業に「このSEマネジャは頼りになるな！」と思われることである。

さらに、SEマネジャは営業からシステムの開発・導入あるいはサポートにとどまらず、「セールス」についても相談される存在になる必要がある。そのために必要となるのは、SEマネジャがお客様から得ている信頼感であったり、ソリューションの提案力であったり、作戦力であったり、いろいろである。

以上の2点について日ごろから、SEマネジャ自身がSEに対してビジネスに取り組む見本を示し、SEを同じ方向へ指導することにより、営業から信頼されるようになる。営業と信頼関係を築くことができれば、良循環を生み、表に示す効果が必ず得られるはずである。

ビジネスの話をするポイント

数字を覚えて会話に使う

一緒に仕事をしている営業部や課の年間売り上げや利益の目標、毎月の実績と予定などは覚えておき、営業マネジャや営業担当者と話すときに意識してそれらの「数値」を使う。これができないSEマネジャを営業は仲間とは絶対に見なさない。ビジネスに関する各種の数値は日ごろから覚える努力をするとともに、必ずメモをとっておく。数値だけでなく「ビジネス目標を達成するにはどのプロジェクトを目標にするか？」「どうやってセールスするか？」「競合に勝つには？」「翌年は、どの顧客にどのくらいビジネスがあるのか？」といった具体的な内容についても営業マネジャと話して討議する習慣を付ける。最初は少々間違えてもかまわない。意気込みが大切である。

セールス会議などでは技術の責任者として、「技術上の問題はないか？」、「その時期に適切なSEをアサインできるか？」など、技術面とSEの戦力面を考えてセールスのやり方を判断する。さらに「目標達成のためにリスク覚悟で取り組むべき案件か？」、「その必要はないか？」といった点も考えて判断することを怠ってはならない。営業と意見がぶつかるときも多いだろうが、両者で激論を戦わし解決策を見つけなければならない。もちろん頑固すぎてビジネスを失っては何の意味もない。難しいがこのあたりのバランスをとることが重要である。

顧客の名前を出す　ビジネスについて話をするときには「独りでぶら訪問」で知り得た情報や、顧客の担当者の名前、アプリケーションの名称などを意識して使う。こうすることで営業からの信頼も増す。営業に反対意見を言うときは「Can not」で始めると消極的だと思われるので、「Yes, but can't」の要領で話す。

SEマネジャが、「独りでぶらっとお客様を訪問する」と顧客からいろいろとビジネスについて話していただけるようになる。その情報はセールス戦略や戦術を考えるときにも役立つ。営業が気がつかない点を指摘できるので、SEマネジャの発言力が増す。

しかし、「SEマネジャといえどもSEである」。技術屋としての節度と魂を失っては顧客からSEとして信用されなくなり、会社にとってもマイナスとなる。SEのセールス活動はあくまでも問題解決型（ソリューション）であるべきで、いわゆる営業の駆け引きがあってはならない。

営業と関係を深める　営業マネジャや営業担当者とはオフィスで会話するだけでなく、終業後に一杯やるなどして、営業の悩みやビジネスの仕組みなどを聞く。「営業の仕事」を知る努力も必要なのである。また、部下のSEとの会議でも月々のビジネスの達成状況を説明し、プロジェクトの売り上げ・利益の計画、今後のセールス計画などを討議する。こうしてビジネスに対するSEの関心を常日ごろから意識的に喚起しておく。時には営業マネジャを

SE会議に招いて、話をしてもらうことも必要である。

とにかく続ける

ビジネスについて話す心構えと姿勢を継続することが大事である。売り上げ目標など数字を知っていてもたいした価値はないかもしれないが、知らないよりはマシである。販売戦略に関して営業マネジャほどの知恵は出ないかもしれないが、考えないよりはマシである。

　とにかく継続することである。営業マネジャが部下に売り上げ目標などをアサインするときに、SEマネジャに相談するくらいになれば、両者の間に素晴らしい信頼関係ができたと言える。

　営業から「このSEマネジャはビジネスに積極的で頼りになる」と見なされたSEマネジャのもとでは、部下のSEも営業と協業でき、生き生きと働ける。セールスの段階から関与したSEはシステム開発が少々苦しいときでも、「営業からやらされている」という受け身の気持ちにならず、自分の問題として頑張るものである。

　第一線のSEマネジャは受け身の考え方から脱皮して「システムの開発・導入で営業に心配をかけないのは当たり前、SEにとって重要なことはむしろセールスの力」と言うくらいの気概を持ってSEの生産性向上に取り組み、部下のSEに少しでもセールスに関連した仕事をやらせるべきである。

ＳＥがセールスに強ければ、営業にとって最も重要なセールス活動に貢献でき、プロジェクトの技術的な注意点、開発・導入時のＳＥ体制まで踏まえたセールス活動が行える。その結果として、システムの開発・導入が順調に進むから、顧客に安心していただけるし、余分なＳＥを投入する事態を起こさないものである。

鉄則36●プロジェクトは自分でレビュー

システム開発や導入プロジェクトは自分でレビューする。すべてのプロジェクトを計画通りに終えることがＳＥマネジャの最重要な職務である。常日ごろ、全プロジェクトの状況を把握しておき問題が起こりそうな兆候があれば直ちに適切な手を打つ。

システムの開発や導入がうまくいかないと、顧客と自社の両方に迷惑をかける。プロジェクトのカットオーバー日は顧客にとってこれまで投資した費用の回収が始まる1日目である。稼働に失敗すると顧客の損失となるばかりか、りん議書を書いてくださった方の首を飛ばすことにもなりかねない。一方、自社においてはプロジェトが赤字になるし、次のプロジェクトへ予定していたＳＥを動かせない、など多くの問題を引き起こす。

表●レビューの効果

①プロジェクトの途上で，問題点を早期に発見し解決するため，トラブルを未然に防止できる
②問題が発生した時のSE体制を事前に考えておけるので，万一トラブルが起こったときの対応が早くなる
③プロジェクトのやり方が分かっているため，SEと効率的に会話ができる
④SEとの間で信頼感が増大する
⑤レビューは格好のOJTとなり，SEが短期に育つし，SEマネジャ自身のスキルアップにもなる
⑥プロジェクトの話を自信を持ってできるようになるので，顧客から信頼を得られ，自社における発言力が増す

こうした事態に陥らないように、SEマネジャは「独りでぶらっとお客様を訪問する」といった行動などを通じてプロジェクトの進み具合に気を配るとともに、開発・導入計画やその後の進展について適宜自分でレビューし、危ない兆候があれば適切に対応する必要がある。とにかくSEマネジャはまず自分でプロジェクトをレビューする努力をすること。すると表に示す効果が得られる。

時折、SEマネジャはプロジェクトの状況が分からないときに、「あれはSEに任せている」と言う。だが、力のないSEに任せるのは「放任」である。失敗したときに自分で責任をとるつもりがあっても、顧客にかけた迷惑は償うことができない。システム開発や導入をちゃんとできないようでは、SEマネジャの存在感はなくなり、顧客や営業担当者から決して信頼されない。「任せられるSE」も育たたない。

レビューとはプロジェクトの状況を理解し、問題の兆候がないかどうかを判断し、あれば適切な対策をとることである。単に話を聞くだけではなく、対策をきちんと講じてこそ、レビューができるSEマネジャと言える。

状況を理解するには、SEが使っている技術用語で会話ができなければならない。システム開発の手法や採用したデータベースやOS、ネットワークなどに関して数多くの技術用語があるが、それらの内容と仕組みをある程度は理解していないとプロジェクトの状況も問題の兆候も分からない。

レビューして解決すべき点があれば、SEを動員して解決するとか、顧客に頼むことは頼む、営業に頼むことは営業に頼む、自分でやれるものは自分でやる、といった「行動力」も必要である。部下のSEにとって「プラスのないレビュー」は時間の無駄でなんの価値もないが、適切なレビューは問題の早期解決につながるだけでなく、SEを育てる効果がある。システム開発・導入の進め方、やり方の知識と事例を数多く持っているSEマネジャであればあるほど、部下のSEは勉強になる。したがってSEマネジャは日ごろからアンテナを張って意識的に情報を集めておかなければならない。

レビューのポイント

自分でやる積もりで聞く

「チェック」ではなく、自分が担当する積もりでレビューすることが基本である。自分ならどのようにこのプロジェクトを進めるか？ どこが危ないか？ という観点で質問をしてアドバイスする。特に若いSEをレビューするときには、一緒にシステム開発の計画を作ってやり、考え方を教え、技術上の分からない点は一緒に調べ、調べ方を教える、といった教育的なレビューが重要である。

レビューは他人の力を借りずに自分で行うのが基本である。SEマネジャにもよるが、技術的に難しいケースとか開発工数が600人月以上のプロジェクトは応援も頼んだほうがよい。だが、すべてを頼んでいてはSEマネジャとして情けない。レビューができないようでは、SEマネジャを降りることを考えたい。

すべてをレビューする　レビューはすべてのプロジェクトを対象にすることである。すべてのプロジェクトの状況が分かっていないと、他のプロジェクトからSEを動員して、問題が起こりそうな別プロジェクトの「火種」を消すことができない。状況が分からないプロジェクトから闇雲にSEを引き抜いた結果、そのプロジェクトが火を噴けば元も子もない。

分かった振りは厳禁　レビューのときに「よく理解できない」のに立場を意識して「分かったような顔」をして意見を言うのは厳禁である。SEがその意見を鵜呑みにして失敗したら、お客様こそいい迷惑である。分からなければ謙虚にSEに教えてもらうこと。技術に弱い人ほど知ったかぶりをする傾向があるので要注意。

レビューにはポイントがある　開発計画をキチッと作っているか、進み具合を数字でしっかり押さえているかどうかで、そのプロジェクトがうまく行くか否かはある程度の判断がつく。例えば、開発計画に実施項目がいくつ表現されているか？　進み具合が係数で表現され、計画通りに数字が動いているか？　SEがあいまいな答えをしないか？　がポイントとなる。

特に社内の業務でも締め切り日に弱いSE、トラブルがついて回るいわゆる〝つきがないSE〟が担当しているときは要注意である。

計画や体制もレビューする　「開発計画」と「テスト計画」は必ずレビューすること。ベテランのSEほど失敗したときのインパクトが大きいので、ベテランといえども例外ではない。勘違いや思い込みはだれにでもあるが、レビューでSEマネジャに説明していると案外それに気づくものである。そのような場を作りベテランが気になっている点の話し相手になることが重要だ。技術面のみならず開発体制やコストについてもレビューする。その結果、SEが対処する事項、顧客あるいは営業担当者に頼む事項、顧客や自社内で交渉する事項、マネジャが自分でフォローする事項をきちんと決め、それぞれを実行する。

顧客の要求品質にあったレビュー　顧客の要求品質（信頼性やレスポンスタイム、復旧時間など）にあったレビューを行わなければならない。要求品質は顧客によって異なるのですべてを一律に行うのは考え物。それほどクリティカルでないシステムについて過度の品質を追求してしまうと、費用もかさむし、顧客からも理解を得られない。さらに顧客が使っている用語には注意が必要。「試行テスト」が本番を意味する顧客もあり、通常のテストのことだと思っていると危ない。

情報を伝える

レビューにおいては、SEマネジャが持っているさまざまな情報をSEへ伝達すべきである。他のプロジェクトの情報、関連部門から入手した各種の事例、製品のトラブル情報などが、SEにとって結構役立つ。

レビューのときには「チェックリスト」とか、開発の生産性、各機種別データベースの処理能力データなど、各種の「数字のメモ」を持っていると効果的である。プロジェクトごとにレビューをしたときに感じた注意点を記したメモ帳を作っておくと、次のプロジェクトのレビューに役立つ。SEにそのコピーをレビュー結果として渡してもよい。

プロジェクトのレビューのポイントについて述べたが、プロジェクトという〝生き物〟に強くなるには「自分でレビューができること」をはじめ、技術力・行動力・戦略力、そしてプロジェクトと戦う闘志も欠かせない。お客様の言いなりや、営業担当者のいう通りに動いているだけではプロジェクトは絶対うまくいかない。プロジェクトを成功させるために、ときには顧客や営業担当者と闘うくらいの勝負心がSEマネジャに求められる。

鉄則37● 社内の関連部門に顔を出す

高い技術力を持つSE関連部門に顔が利くようにしておくと、SEマネジャやSEが窮地に追い込まれた場合、タイムリーに支援してもらえる。自分の組織の力だけで仕事をしていたのでは限界がある。

SEが本当に困ったときに助けとなるのは、SEマネジャの「動員力」である。困っているSEに対して、SEマネジャが「頑張れ、頑張れ」と言っているだけではなんの解決にもならない。重要なのは行動である。

日ごろ仕事をしていると、いろいろなトラブルが起こるものである。ネットワークのテストをしたがうまくいかない、システムをチューンアップしたら動かなくなった、システムテストでパフォーマンスが出ない、本番システムで突然トラブルが起こったがリカバリーに失敗した、開発プロジェクトが危ない状況にあるのにスキルのあるSEがいない、などである。

こうした事態に直面したときにSEマネジャは「ことの重要性・緊急性」を判断して、周りのSEに応援させたり、SEマネジャ本人が陣頭指揮をして問題解決にあたることになる。だが、どうしても自分の組織のSEの技術力だけでは解決できないことがある。

そのときにSEマネジャはタイミングよく、自分の組織の枠を越えて行動し、困っているSEを助けてトラブルを収拾しなければならない。そうでないと顧客に迷惑をかけることになる、顧客が困り果ててから、いくら頭を下げてみてもなんの意味もない。

「技術の動員力」を持て

「お客様が困られたときや、SEが本当に困ったときに、会社が持っている最高の技術力を自分は動員できる」。SEマネジャはこのくらいの気概をもって、常日ごろから技術を動員できる環境を作っておくことである。

顧客を担当している第一線のSE部門にとって、SEマネジャが社内のSE関連部門の技術者を動員できる力を持っているかどうかは重大な点である。

コンピューターメーカーやソフトハウスなどITの会社の大半は、規模の大小はあるものの、製品・技術に関して高い技術力を有するSE部門もしくはグループを設けている。これらSE関連部門の役割は、第一線で働くSEに向けて新製品や技術について指導する、第一線部隊がピンチのときに支援する、各種ソフトのバグを取り扱う、などである。

SEマネジャは常日ごろから、SE関連部門に積極的に顔を出し、リレーションを築き、「顔を売る」努力をするべきである。まず、とにかく顔を出して、自分が現在担当しているプ

表●社内のSE関連部門に顔を出し，技術の動員力を持つことの効果

①ピンチのときにタイムリーな支援を受けられる
②技術情報の入手により正確なシステム開発・導入計画，セールス計画を作ることができる
③現場のSE・営業担当者に対し，仕事に関係する技術情報を的確に伝えられる
④困ったときに応援がもらえると分かると現場のSEが日ごろから自信を持ち度胸よく働く
⑤第一線のSEが，専門技術を持つSEグループと付き合うことで，一流のSEを目指すようになる
⑥SEマネジャ自身の勉強になるし，SEとの間の信頼感も増す

ロジェクトについて相談したり、さまざまな技術情報を教えてもらうことである。

顔を売る地道な努力を続けることで、その部門のマネジャやSEと親しくなり、だんだんと「顔が効く」ようになる。そうすれば、仕事がピンチのときに支援を頼みやすくなり、「動員力」が身に付く。その効果は非常に大きい(表)。

もちろん、SEマネジャがどんなに頑張っても、部下のSEがしっかりした仕事をしていなければ、そう簡単に支援はしてもらえない。それでも、SEマネジャが顔を売る努力を続けていれば、部下のSEも関連部門にいるシステムに強いSEを知る機会が増える。

その結果、部下のSEが刺激を受けて、一流のSEを自ら目指すようになり、努力する。部下のSEの技術力がだんだんと向上し、ついにはSE関連部門から、「あのSE集団はしっかりしている」と言われるようになり、支援を

ますます頼みやすくなるわけである。

顔を出すときのポイント

自分から積極的に顔を出す　リレーション作りを意識して会話し、派手に行動して顔を売ること。リレーションができると電子メールなどで質疑応答もやりやすいし、緊急時に支援を頼みやすい。SE関連部門のマネジャも、自分や部下のSEがよく知っているプロジェクトには支援の指示を出しやすい。

マネジャよりも担当者（SE）とリレーションを作る　ピンチのときに頼りになるのはSEである。むやみに声をかけると仕事を邪魔をするのではと思い勝ちだが、SE関連部門のSEも現場の新鮮な情報を聞きたいし、第一線のSEマネジャから声をかけられるのは悪い気はしない。「○○さん、面白い話はない?」と気軽に声をかけ、何人かのSEと話すと、最近話題になっている技術や、what's newの情報が分かる。第一線のSE部門は意外に最新情報に疎いので、SEマネジャはこうした努力をして集めておくことが重要だ。

技術的な相談をする　タイミングを見て技術的な相談もする。SE関連部門のだれが何を担当しているかを知っておくこと。さらに彼らと技術的な会話ができるスキルがSEマネジャにないと逆効果になりかねない。技術的な相談では「プロジェクトは自分でレビュー」で

図●リーダーシップをとる四つの行動

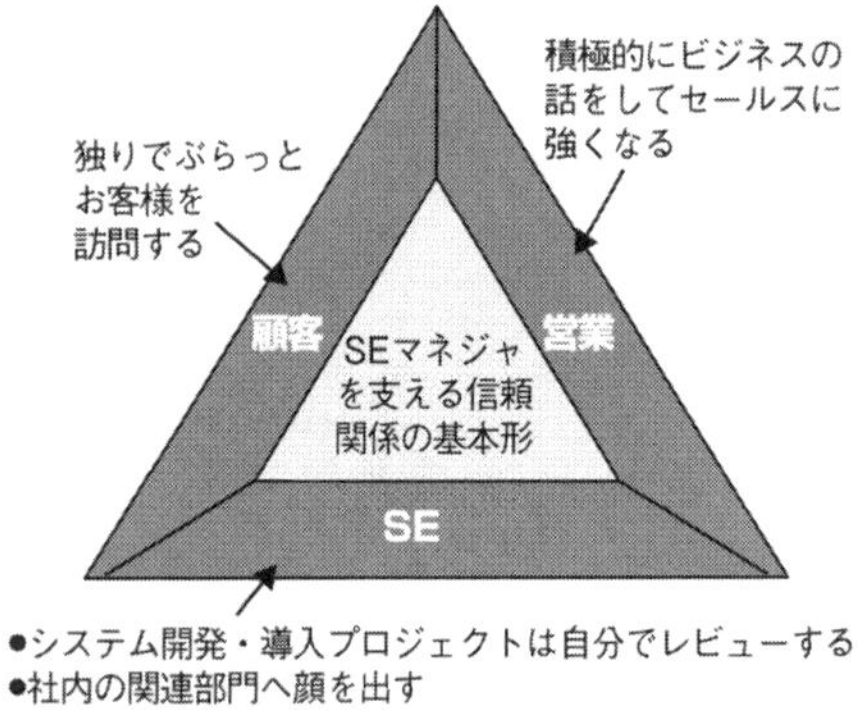

述べた確認すべき事項とか、技術的に危ないと感じているプロジェクトの現状を話し、「ガイドをいつごろ頼みたいがどうか。万一トラブルになったときはよろしく」と根回しをしておく。時折、SE関連部門のSEにガイドを頼んでプロジェクトの内容を理解してもらっておくと、トラブル時の対応が早くなり解決も早い。

新製品・新技術については、利用上の注意点や設計上の考慮点を尋ね、自分の自己啓発に努めることも忘れてはならない。販売中のシステムや製品について、営業に参考になる導入事例などの情報を集めることも重要である。

お礼を忘れるな　入手した情報は取捨選択すること。ガセネタもあるので疑問のある情報は捨てる。参考になる情報は、関係するSEと営業担当者に知らせること。知らなかった情報、気がつかなかった情報ほど彼らが喜ぶものはない。情報一つで顧客へのセールスがうまくいったり、トラブルの防止策を事前に打てることもある。

支援をもらった後には必ず顔を出して、担当のSEとマネジャに「助かった」とお礼を言うこと。助けてくれたSEを持ち上げて、誉めることを忘れずに！

このほかのポイントとしてSE関連部門が主催する第一線のSE向け教育・説明会にも、たまには出席することだ。末席で聴講するとSE関連部門のマネジャや担当者は喜ぶ。この効果は抜群である。顔が売れるまでは月1回ぐらい顔を出し大勢のSEと話す。地方にいるSEマネジャは本社出張のときなどに顔を出す。訪問回数は少なくなるが、逆に「わざわざ来られた」という感じを与えるので効果も大きい。

これまでSEマネジャがリーダーシップを身に付けるための四つの行動について述べてきた（図）。SEマネジャは四つを実践することにより、顧客・営業・SEの3者とバランスのとれた信頼関係を築ける。一つでも欠けると残りの信頼関係も崩れやすい。

鉄則38 ● 部下の報告書に必ず適切なコメントを書く

部下からもらったすべての報告書・計画書・メモに、適切なコメントを必ず書いて、

部下に返さなければならない。部下のSE全員に対して、この行動をとり続けることで、部下から「立派なSEマネジャだ」と言われるようになり、信頼関係を築ける。

部下のSEや営業担当者は日ごろ、SEマネジャに仕事の状況報告や週間・月間活動予定表などを提出する。伝言とか会議の連絡などのメモも渡す。最近ではこうした報告に電子メールを使う企業が増えているだろう。

すべての報告やメモ、電子メールに対しSEマネジャは必ず、なんらかの「反応・意見」を返すべきである。これがいわゆるツー・ウエイ・コミュニケーションの基本である。そこに部下との人間的な信頼関係が生まれる。

コメントを書いて返すと、彼らは「仕事の状況を分かってもらった！」とやる気が増すものである。逆に「マネジャ印」が押されただけで報告書を返されたのでは、「せっかく書いたのに、本当に見てくれたのか？」と疑いたくもなる。

忙しいときは、「OK」の2文字だけでもよい。なんらかの反応を示すのは一生懸命、報告書を書いてくれた部下への最低限の礼儀である。後で話そうと思うなら、「後日話そう、コンタクトされたし」と書いておけばよい。

人間は忙しいとつい部下の気持ちを忘れたり、無視してしまうが、それは厳に慎しみたい。いちいち話すよりもコメントの形で意見を伝えるほうが、効率的であることも多い。

筆者は『日経コンピュータ』の原稿を書き始めた直後、ある後輩から次のような電子メールをもらった。「記事を読んで、馬場さんがマネジャだったときのことを懐かしく思い出しました。週間予定表に赤ペンで書いていただいた檄文にたびたび勇気づけられたものでした」。当時は電子メールを使っていなかったので、報告書に赤ペンでコメントをなぐり書きして返していた。それが檄文であったかどうかはさておき、今でも後輩が覚えていてくれたのだから、決して無駄ではなかったように思う。

文章はごまかせない！

「適切なコメントを書く」のは簡単に思えるが、担当している顧客やプロジェクトの数が多くなると、容易なことではない。報告書を読み、考え、書く時間がまず必要になる。最も難しいのは、SE全員の仕事の状況が分かっていないと、真に「適切」なコメントが書けないということである。

文章は会話と違ってごまかしようがない。部下にすべてが分かってしまう。下手なコメントを書けば、部下の仕事の状況・顧客の状況・営業の状況などをSEマネジャが把握しているかどうかが部下にばれる。また、技術に強いかどうかといったSEマネジャとしての能力

表●部下の報告書に必ずコメントを書くことの効果

①SEや営業担当者との間で，ビジネスを越えた信頼関係を築ける
②SEや営業担当者から人間として尊敬されるようになる
③SEや営業担当者とのチームワークを強化できる
④SEのモラールが上がり，SEが育つ

レベルまでがＳＥや営業担当者、それも全員に分かってしまう。

したがって、ＳＥマネジャは「独りでぶらっとお客様を訪問する」行動や、ＳＥとの会話を通じて、ＳＥの仕事の状況を知る努力をしなければならない。このときに大切なのは、個々のＳＥについて、現在担当しているすべての顧客とプロジェクトの状況はもちろん、ＳＥのモラール、育成、研修、残業、休暇、健康、家庭の事情に至る、ＳＥ個人の事情まで把握することである。

ＳＥマネジャはここまで把握する努力をして初めて、「ＳＥを温かく勇気づける」コメントが書けるようになる。温かいコメントを書ければ、部下から「立派なマネジャ」と言われ、表に示す人間的な信頼関係を築けるはずだ。

コメントの書き方のポイント

すべてに返答する

ＳＥや営業担当者が提出するプロジェクトの状況報告、顧客訪問報告、週間・月間活動予定表、その他の報告書の「すべて」に、「内容にあった適切なコメント」を書いて報告者に返す。ＳＥ

や営業担当者「全員」に対して行うこと。仕事だけではなく、ＳＥの育成や健康・残業に関してまで、バランスよくコメントすべきである。会議開催など伝言のメモにも必ず「ＯＫ」とか、「ありがとう」と書いて返す。

自分の考えを書く　コメントはただ書けばよいというわけではない。「自分の考えを具体的に」書く。「○○の機能の確認テストをしたほうがいいのでは」とか、「顧客のＡさんに事前に説明し、意見を聞いておいてはどうか」、「この仕事のほうを優先すべきでは」、「これはちょっとおかしい、今週中に話したい」といった具合である。どうしても書けない場合は、一般論でもかまわない。それでも、「印」だけで返すよりはるかに温かい。

書き方に注意　「何々はどうなった?」と問いただすような、チェック型のコメントは避ける。「あのマネジャは細かい、人を信用していない、うるさい」などと思われて逆効果となる。断定型のコメントもできる限り避けること。部下のＳＥに自分で考えさせるコメントにしたほうが部下は育つ。

要領良く書く　ＳＥマネジャは、顧客訪問やトラブル対策、各種の会議などで忙しい。コメントをいちいち考えていたのでは時間がいくらあっても足りない。報告を読みながら伝えたいコメントを同時に頭の中でまとめるようにする。それには、システム開発やセールスの経験を豊富に持ち、長年の蓄積から得た教訓をしっかり身に付けておかなければならない。

日ごろの努力が大切である。

日常の言葉を使う　コメントは、顧客の担当者の名前、アプリケーション名、ＯＳやデータベース、ネットワークに関する技術専門用語など、ＳＥが「日常使っている言葉」で書くこと。

部下の気持ちにも気を配る　ＳＥの育成とモラール向上の観点から、部下を励まして勇気づけるコメントを書くことも重要である。例えば、「あなたでできないはずはない」、「必ずできると信じている」「困ったら助けるから頑張れ！」の類である。またＳＥの教育、健康、家庭の事情などにも必ず気を配って「研修の前には予習すること」とか「無理するな」、「ちょっと休んだら」といったコメントを書くようにする。

情報をフィードバック　「独りでぶら訪問」や「社内のＳＥ関連部門に顔を出す」で得た情報は、コメントとしてタイムリにＳＥへフィードバックする。「プロジェクトは自分でレビュー」で述べた実施事項のフォローもコメントを通じてできる。「ＳＥが守るべき日常の行動指針」をＳＥが忘れないように、注意をうながすコメントを書くことも重要である。

　現在は電子メールの時代であるが、ＳＥマネジャが部下の気持ちをくんで物事を見ることができなければ、電子メールを使ったからといって、部下とのコミュニケーションが良くなるわけではない。要は「心構えと努力と慣れ」である。部下のＳＥが10人いれば、週間活動予定表だけでも、1年間で書くコメントは５００を超えるわけで、かなりの根気と努力が必要である。具体的な名前を上げずに、「あの件について教えてほしい！」というような、「代名詞」を使ったコメントが書けだしたら、部下との「本物のコミュニケーション」が出来上がったと言える。

鉄則39●仕事の価値観を徹底指導する

「仕事に関する物の見方や考え方」、すなわち「価値観」を部下のＳＥに徹底指導するべきである。自ら鍛え上げた価値観を、部下に徹底することにより、「しっかりしたＳＥ」を育てられ、チームワークの良い、組織力を発揮できるＳＥ部門を形成できる。

何かに直面したとき、どのように判断し、どのような行動をとるかは、その人が持っている価値観に左右される。この価値観によって、顧客から信頼される「しっかりしたＳＥ」にもなれば、逆にそうでないＳＥになることもある。

一緒に働くＳＥの価値観がバラバラではチームワークは生まれないし、仕事の効率も上が

表●仕事に関する「物の見方や考え方」を徹底指導することの効果

①しっかりしたSEが育ち，顧客にご満足いただける
②チームワークが向上し，組織力が発揮できるようになる
③SEマネジャ自身が成長する
④SEから尊敬すらされる

らない。後輩は先輩ＳＥを見て育つから、先輩ＳＥの価値観がバラバラのままでは、バラバラの価値観を持つ後輩が育っていきかねない。これでは、組織力の発揮は難しいし、組織の統率もとれない。

したがって、集団を引っ張るリーダーたるＳＥマネジャは、ＳＥの仕事に関する「物の見方や考え方」、すなわち「価値観」について、一つの「哲学」を自分で作り上げ、それを部下全員に徹底指導することが重要である。

これまで述べたように、ＳＥの仕事に関するさまざまな事柄について、「何が本物か」を教えてＳＥをリードしなければならない。教えるべき内容は、ビジネスパーソンの常識に始まって、顧客にとってＳＥの価値とは何であるか、素晴らしいシステム開発とはどのようなものか、ＳＥや営業担当者はどうあるべきか、規律・規則はなぜ必要か、など広範囲にわたる。

特に、仕事に関する原理・原則を教え、それを体得させることで、部下のＳＥの価値観をそろえる必要がある。原理・原則とは、「顧客には満足いただくべきだ」とか、「ＳＥの技術力は手段であり、ビジネスの達成が目的である」といった類のことを指す。

もちろん、部下に価値観を指導するにあたって、SEマネジャ自身の「哲学」そのものが間違っていては百害あって一利なしである。独りよがりなロジック（論理）ではなく、だれが聞いても「なるほど正しい」とうなずく考えをSEマネジャは持たなければならない。

独りよがりの価値観は禁物

すなわち「正論」である。正論を語るためには、SEが働く上で仕事にからんでくるもろもろの事柄について深く考え、多くの人に自分の考えを話して意見を聞き、その考えで行動し、さらに結果を見て考え直す、という一連のプロセスを何回も繰り返す必要がある。

本を読むとか、仕事ができる先輩や同僚の考えを学ぶことも有益である。それにより、だんだんと「自分の哲学」を作り上げることができる。特に、「SEの仕事の在り方」をはじめとする、SEに関係する事柄については、多くの顧客や営業担当者と話し、SEへの期待や意見、SEに対する見方を聞くことが大切である。

意見を求めることで、客観的かつ多面的に自分たちの仕事を見られるようになる。SEの世界だけとか限られた顧客の意見だけといった、狭い視野で考えると、いわゆる「独りよがり」、「SEよがり」な考え方に陥りやすい。これではまずい。

意見を集め、考え抜いても、SEマネジャは自分の考え方が正しいかどうか悩むと思う。その時は「お客様に信頼され、ビジネスが伸び、部下が育っている」かどうかを客観的に見て、考え方の是非を判断すればよい。

価値観を指導するためのポイント

行動指針を徹底する　SEは仕事柄、技術指向になりやすく、ビジネスパーソンの常識とかSEとしての心構えなど、ノンテクニカルな面に疎くなり勝ちである。そこで、これだけは全員守るべしという、分かりやすい「日常の行動指針」を作り、SE全員が一緒にいるときに説明する。行動指針は営業担当者や上司にも公開しておく。

行動指針は結論が重要である。ロジックよりも結論が人を引っ張るからである。「約束時間は守る」、「自分の意見を言う」といった類である（鉄則23を参照）。

顧客やビジネスについて指導　SEの仕事のやり方や取り組み方は、「顧客とのスタンス」、「営業担当者とのスタンス」、そして「ビジネスとSEの関係をSEがどのように考えるか」、によって、大きく左右される。したがって、この3点については特に力を入れて指導すること。

例えば、筆者は部下に「顧客とのスタンス」についての考え方の一つとしてこう説明していた。「我々SEは、顧客の担当者とか課長のために仕事をしているのではない。顧客企業のために仕事をしているのである。我々は顧客企業をサポートしているのだから、担当者の言われる通り単純にサポートすればよいわけではない。SEたるもの、これくらいの気概と力は持ちたい。

よくSEは『お客様からこう言われたから』と言う。そのときに『お客様のだれが、何のために言われたのだろうか、その考えは顧客企業にとってプラスになるのだろうか』と考えたほうが良い。我々はビジネスをしている。常に『顧客企業にとってどうか？』という観点で物事を考えて判断し行動する必要がある。例えば、システム開発やセールスに際して、顧客の担当者と自分の意見が食い違うときには、顧客企業にとってどちらの意見が正しいのかを考え抜き、自分のほうが正しいと思ったら堂々とプロのSEである自分の意見を顧客担当者に説明して討議すべきだ」。

基本はOJT　SEマネジャは部下のSEからプロジェクトの進め方、セールス活動、トラブル、活動計画などについて、日常さまざまな相談を受け、指示を出す。その時々に「それはこう考えると良い。理由は…」と教えると、SEは理解しやすく、自然と「本物の仕事のやり方、考え方」が身に付く。

四半期に1回くらいは全員で討議する　そこで「物事の考え方」を説明し、それについて討議させる。討議を通じて各SEは考えるし、他のSEの意見も聞け、自己点検にもつながる。

こうした機会を作らず、マネジャの考え方を一方的にSEに押しつけてはいけない。いかに正論であっても論理だけでは人はついてこない。もともと物事の考え方は人さまざまである。SEが自分で考え、納得することが何よりも重要である。時には、SEマネジャより部下のSEのほうがしっかりした考え方を持っていることもある。そのときは部下の考えを謙虚に受け入れること。

SEにいろいろな経験をさせる　物事の考え方はいくら聞いても、SE自身が何かを実感しないと身に付かない。さまざまな顧客を担当して初めて顧客の考えが分かるし、セールス活動をして初めて営業担当者の仕事が分かる。こうした経験を積んで、やっとSEマネジャから教えられたことが理解でき、身に付くのである。したがってSEマネジャのジョブアサインの力が重要になる。

SEと一緒に顧客の管理者を訪問し、顧客がSEに期待する点など顧客の生の声をSEに聞かせるとか、顧客にSEの考え違いを指摘してもらうことも有用。知恵と工夫次第で、部下にいろいろな経験をさせられるはずである。

先輩が重要　若い時にしっかりした価値観を教えることが重要である。したがって、入社後5年未満の若いSEについては、しっかりした先輩をつけるか、さもなくばSEマネジャ自身で面倒を見る。下手な先輩につけて、無限の可能性を持つ若者に癖のある価値観を押し付けられては大変である。

事例を話すのは効果的　物事の考え方に関して、先輩から聞いた印象深い話、自分自身の経験、顧客から聞いた良い話、失敗した話など、数々のエピソードをSEに話すと、SEの記憶に残ることになり効果的である。

鉄則40●部下のSE全員に同一の内容を伝える

ビジネス目標を達成するために、SEマネジャは部下のSE全員が同一の方向を向いて、大きな力を出せるように統率する必要がある。そのためSEマネジャは自分の考えと意思を、部下のSE全員に同じように伝えなければならない。

SEマネジャのミッションは、ビジネス目標の達成と、部下を「しっかりしたSE」に育てることである。そのために、SEマネジャは部下のSE全員に対し、要求すべきことは要求し、注意すべきことは注意しなければならない。そのときに、SEマネジャは部下一人ひ

表●「部下全員に同一の内容を伝える」行動がもたらす効果

①部下のSE全員へ物事を徹底できる
②部下との信頼感が増大する
③組織の秩序が保て，まとまりができ，チームワークが強くなる

とりにバラバラに指摘・伝達するのではなく、「全員に同一の内容を同時に伝える」べきである。これがリーダーシップのあるSEマネジャのとるべき行動といえる。

SEに伝えることはたくさんある。鉄則39で述べた「物の見方・考え方」の場合もあるし、ビジネス上の注意点の場合もある。あるいは「日常の行動指針」の類もあろう。「月曜日の早朝会議には必ず出席せよ」とか、「交通費の使い方・残業のやり方を考えるべし」といった初歩的な注意事項もある。

さらに、「Aプロジェクトが危ないから、顧客から指摘される前に手を打つ。したがって来月はSEの健さんと晶子さんなど数人に応援してもらいたい」という檄文調の要請もときには必要になる。

こうした要求や注意事項は、部下のSE「全員に」、会議の時あるいは電子メールやメモを使って、「同一の内容を同時に伝える」ことにより、部下全員の「周知の事実」となる。全員に伝えるほうが、一人ひとり個別に伝えるよりもはるかに徹底できる。

というのは、SEマネジャが各SEへ個別に説明していくと、いろいろな反応が起こってなかなか徹底されないからである。SEによってはその場だけ納得してそれっきりになる。あるいはSEが疑心暗鬼になって指示を無視してしまう。幸いにしてSEが納得し、自分で努力するようになっても3日坊主に終わったりする。そもそも個別に説明していくと、SEマネジャは説明の時間を結構とられるものである。

　したがって、「物事」を徹底するには、個別に言うのではなく、自分の考えを部下に公にして「全員の周知の事実」にすることが重要である。

「全員に同一の内容を伝える」行動により、SEマネジャはマネジメントの基本である「公平性」もまっとうできる。部下全員に公平に説明し、公平に理解させ、公平に要請し、公平に実行させて、公平に評価する。繰り返すが「全員に同一の内容を同時に伝える」ことが、公平性をまっとうする出発点である。

　当然のことながら、部下のSEに要求・注意した内容を、SEマネジャは率先して実践しなければならない。率先垂範により、部下を引っ張ることができる。すなわち、リーダーシップをとれるのである。

伝え方のポイント

口頭で伝える　SE全員に要求・注意する事項については、まず会議のときなどに口頭で説明する。いきなり電子メールやメモなどで伝達すべきではない。口頭のほうがSE全員の反応を見ながら説明できるし、質疑応答や討議もできるため、SEが内容を理解しやすい。結果として納得もしやすい。

一度説明した後のフォローについては、会議でフォローすることも必要だが、この場合はむしろ電子メールやメモで適宜確認したほうがよい。タイムリーにフォローできるし、SEマネジャや部下も時間を節約できる。口頭では言い難いことでも、電子メールなら言いやすいという面もある。

正論を言う　SEマネジャ自身が「これは正しい、正論だ」と信じた事項だけを部下のSEに要求・注意すること。SEマネジャに自信がないと、一人ひとりならともかく、若手からベテランまで全員が集まった前で、きちんと趣旨を説明し全員に要求することは容易ではない。下手をすると、部下全員から総スカンを食らう。あるいは馬耳東風のダンマリを意識的に返される。

ある事柄を全員に分からせて実行させるにはそれなりの理論・理屈が必要である。だが、当たり前のことを徹底させることほど難しい。

例えば、筆者はかつて「お客様が読んでみたくなるような〝美しい資料・ドキュメント〟を作れ」と部下のSEに要求した。この要求を理解させる理屈として、筆者は次のように説明していた。

「当社の顧客の方々はシステムの開発や導入において、SEが作った資料を読まないと困るから、どんな資料でも読んでくださる。しかし、セールス活動、特に競合他社のユーザーに売り込むときはそうはいかない。我々がいかに苦労して資料を作ってみても、他社ユーザーは読まなくても別に仕事に支障が出ない。したがって、我々は常日ごろからユーザーの方々が読んでみたくなるような、〝美しい資料・ドキュメント〟を作る力を養うべきである。その力がなければビジネスに勝てない」。

部下のSEはこの理屈に納得したのであろう、だんだんとまともな資料を作り出した。

連絡は全員に　緊急の仕事あるいは休暇などで会議に出られないSEには、会議で説明した要求・注意をはじめとする連絡事項を、必ず電子メールなどで知らせておく。時折、同僚のSEが聞いたのに、顧客に行きっぱなしでそれを知らされていない「仲間はずれのSE」を見かける。これではそのSEはかわいそうである。仲間はずれ状態が長く続けば、世の中や社内の流れから取り残されかねない。

SEに要求し注意する　厳しく聞こえるが、きちんと伝達したほうが、部下のSEもSEマネジャの考え方を明確に理解でき、かえって職場が明るくなるものである。例えば、「行動指針」などSEの判断基準・行動基準の類を、SEマネジャがSE全員に公にすることにより、日ごろの仕事の判断でSEは迷わなくてすむ。「このことを顧客に言ったら、SEマネジャはどう思うだろうか。文句を言うだろうか」といった類の、SEマネジャの顔色を伺うようなことを考えずに、SEは前向きに働けるようになる。SEマネジャが自分の考えを公にしないと、こうした前向きな明るい空気は生まれない。

ビジネス上でSE全員へ要求する事項としては、次のようなものがある。「あのプロジェクトが危ない、だれとだれに応援してもらう」、「今期のビジネスの見通しは厳しい、今後2カ月は全勢力を○○に集中せよ」、「新プロジェクトの体制はこう決めた、他のSEも協力してもらいたい」などである。

特に、SEの担当にかかわる事項に関しては、必ず全員に説明して理解を求めるべきである。チームで仕事を進めていると、一人のSEの担当の変化が多くのSEに影響するからだ。それに当たり前だがSEは将棋の駒ではない。

年初にSEの担当業務を全員に説明するが、その後の担当変更や緊急時の応援については、「そのSE」にだけ言って、他のSEには音沙汰なしというSEマネジャがいる。これではチームワークは期待できない。SEマネジャは担当変更のしかるべき理由とそのSEへの期待感を全員に説明し、他のSEの理解を得るべきである。こうして、担当が変わったSEが頑張って働く土壌が作られる。

SEに要求・注意した事柄は、当然ながらSEマネジャ自身も実行すること。ただし、ときにはSEマネジャが意識的にサボったほうが、部下も息抜きができて、かえって積極的に実践するようになることもある。

もちろん、いつも有言不実行では、「あの人は口ばっかり」と言う評価を部下のSEからもらうことになり逆効果である。自分が若い時のことを思い出せばすぐ分かるのだが、部下は上司をよく見ているものである。

鉄則41●情報を即座に関係者へ、自分の意見を必ず添える

SEマネジャのところに来た情報を、関係するSEへ即座に知らせる。しかも自分の意見を必ず添えるべきである。SEマネジャに集まる、技術情報、顧客やビジネスの情報を、各SEが仕事に活用し本人の能力を向上できるように生かす必要がある。

現在は電子情報の時代である。情報を伝達する方法は、昔のペーパー情報時代と比べ、様変わりした。企業内の情報の70～90%を電子メールで伝達している企業も多い。情報量も増えており、SEマネジャは今までにもまして、大量の情報の中から重要な情報を識別するセ

ンスと、情報を適切に処理する能力が要求される。

ＳＥマネジャの元には日常、大量の情報が送られて来る。ＩＴに関する最新情報をはじめ、顧客の情報、製品の価格変更や売上高の推移などのビジネス情報が、電子メールやグループウエアを通じて、あるいは書類・口頭で飛んで来る。教育や催し物の案内、組織変更といった情報もあろう。

大量の情報は、ＳＥマネジャにだけ来る情報、部下のＳＥ全員にも来る情報に大別できるが、これらの情報の価値は「内容とタイミング」で決まる。一つの情報をＳＥが知っていたかどうかが、ビジネスを左右することさえある。

したがって、ＳＥマネジャは自分だけに届いた情報は、素早く処理して関係するＳＥに知らせなければならない。ＳＥ全員に来た情報であっても、重要なものはＳＥが見落とさないように指導すべきである。こうしたことができなければ、とても部下を引っ張ることはできない。

ＳＥマネジャは忙しいが、それにかまけて「ＳＥマネジャだけに来た情報」を処理しないようでは、マネジャとして失格である。紙で伝達していた時代なら、「書類の小山」ができるので、自分あるいは部下が情報の滞留に気がつくことができた。だが、電子情報時代になると、マネジャが自分で情報を取りに行き、内容を確認しない限り、「電子情報の小山」がで

表●情報を即座にコメント付きで関係者へ伝えることの効果

①適切な情報伝達により，SE活動を効率化できる
②タイムリーな情報提供で部下を助けることで，部下のSEとの間で信頼感を増大できる
③情報提供とコメントにより，部下のSEを育成できる
④SEマネジャ自身のスキルアップにもつながる

きていることにだれも気がつかない。

SEマネジャがルーズだったり、情報を処理する能力がないと部下が非常に困る。SEマネジャに来た情報を、マネジャがつい忘れて部下に知らせなかったり、数日たってからようやく伝達したのでは、部下はたまったものではない。まさに「人災」である。SEマネジャは、自分のところに来る情報は組織のものであり、自分だけのものではない、ということを忘れてはならない。

しかも、情報を即座にSEに渡すだけでは不十分である。忙しいSEにとって、不要な情報、すなわち現在の仕事に直接関係がない電子メールや回覧物ほど邪魔になるものはない。したがって、SEマネジャは各種の情報のうち、該当するSEに関連するものだけを知らせるべきである。

ここで忘れてはならないのは、SEマネジャが自分のコメントを情報に付けて伝達することである。特に、若いSEに対しては、教育にもなるのでコメントの記入をおろそかにはできない。

コメントは一般論ではなく、できる限り具体的に書く必要がある。

伝達する情報が、どの顧客に関係するのか、どの分野に適用できそうだとか、このトラブルには要注意だとか、社内の売り上げ計上基準が変わったから気をつけるように、といった程度まで書いたほうが良い。

ＳＥが見落とさないように指導

さらに、ＳＥマネジャは「全ＳＥに来た情報」であっても、自分でざっと目を通し、重要な情報については、関係するＳＥにコメント付きで知らせる必要がある。

現在は、情報を「自分できちんと取りに行くＳＥ」と「そうでないＳＥ」との間で、能力や技術力に格差がつきやすい時代だからである。こうした格差が出てきては、まともなシステム開発やセールス活動ができない。

面倒でも情報を自分で確認し、例えば、「晶子さんと健さん、こんな情報が来ているよ、今の仕事に役立つのでは」と知らせる。同時に「情報を取りに行くことの大切さ」を根気よく教え、ＳＥの間で能力格差が出ないようにする。ＳＥの育成とは、こうした指導の積み重ねである。

書類の回覧が中心だったときは、書類が目の前を通るのでＳＥは一応ざっとでも読んだはずだ。しかし、現在はそうとは限らない。放っておけば楽をするのが人間である。ＳＥマネジャにとって電子情報時代は、部下のSEに来た情報を部下がきちんと見ているかどうかが分かり難い時代でもあるため、それなりの工夫が必要である。

情報伝達のポイント

技術情報については特に注意　SE活動にとって技術情報は生命線であり、ある情報をSEが「知らなかった」と言うことが命取りになることさえあるからだ。迅速に関係するSEに知らせるのはSEマネジャの責務である。しかもSEマネジャが素早く伝達することで、SEも技術に対して好奇心を持つものである。

状況を把握する　〝飛んでくる〟いろいろな情報を該当するSEに適切なコメントを書いて知らせるためには、SEマネジャは各SEの仕事の状況、各顧客の状況などを把握し、ある程度の技術力と、社内組織や契約関係、価格設定などの知識を持っていなければならない。

そうでないと、結局は全SEに情報を流しSEの仕事の邪魔をすることとなる。したがって、SEマネジャは会社やビジネスの仕組みなど、非技術面にも関心を持ち勉強しておく必要がある。

電子情報時代でも、社外や特定部門などから書類で来る情報は結構ある。回覧する時は関係するSEだけに回すこと。SE全員に回覧する場合はコピーをとって数人単位で回覧する。あるいは電子メールでこんな回覧が回っていると全員に知らせる。回覧に時間がかかると締め切り日が過ぎた教育案内などを見るＳＥが出てくるものである。

箇条書がよい　ＳＥマネジャは忙しい。したがって、自分の考えを分かりやすく、かつ時間をかけないでさっとコメントとして書けるように日ごろから心掛けること。箇条書きがよい。

ＳＥが読んでいるか確認する　ＳＥのところに来た技術情報やアプリケーション情報について、時々は「その内容」をＳＥに説明させる。例えば、「○○を簡単に教えてほしい」、「○○をＳＥ全員に解説してもらいたい」、「会議で最近来た情報をまとめて説明してほしい」などと頼む。ＳＥマネジャやＳＥの勉強にもなり、そのＳＥのモラールも上がる。その上、そのＳＥがどの程度、「情報を見ている」かまで分かる。

若手には気を配る　若いＳＥにとって難解なビジネス関連情報（売り上げ計上基準、価格・契約関連など）や特に重要な技術情報については、マネジャが自分で教えるか、「これは○○さんに言っておくから質問するように」とコメントを書いて伝え、先輩ＳＥから教えさせる。

自分で持たない　事業部長や上司が出席した会議に参加したＳＥマネジャは「必ず」メモをとって、必要事項をＳＥへ伝えること。部下に伝えないで自分だけの情報と勘違いしてはいけない。営業担当者や営業部門のマネジャ、役員などから、セールスの状況とか訪問した内容など顧客に関する情報が送られてきたら、自分で後生大事に抱え込まないで、関係するSEにすべて渡すこと。情報は部下が良い仕事をしてはじめて価値を生む。SEマネジャが後生大事に持っていても何の価値もない。

鉄則42 ● 締め切り日は厳守する

ビジネスの社会において、締め切り日を守れない人は、あらゆることにルーズだと周囲から見られがちである。締め切りの重要さをSEマネジャは認識し、日ごろから締め切りを守る努力をしなければならない。

SEマネジャが常日ごろから心掛けるべき、「四つの行動」について説明する。ひと言でまとめると、「締め切り日を厳守し、自分のポジションを貫き、自分の片腕を作り、部下に公平に〝喜ぶチャンス〟を与える」である。

これらは、ビジネスの成否には直接関係しないが、マネジャとして必ずとるべき行動である。理屈抜きで実践することにより、SEや上司、社内のSE関連部門から、「しっかりした

SEマネジャだ」という評価が得られる。

関係者からこうした評価を受けないと、SEマネジャは仕事にならない。SEマネジャはビジネスを独りで遂行しているのではないからである。SE、上司、営業担当者、SE関連部門から協力をもらい、彼らから支えられてこそ、マネジメントの仕事を初めてまっとうできる。これがリーダーシップがあるSEマネジャである。

そのためにも、関係者から「あのSEマネジャは、ビジネスも社内の仕事もしっかりやっている。彼が頼んできたのだから、協力しなければ」とか、「彼がやっていても失敗したのだから仕方がない」と言われるマネジャになることである。これと反対に、「あのSEマネジャは顧客訪問とかビジネスには積極的だが、社内の仕事はどうもルーズだ」と評されるようでは、マネジャ失格である。

締め切り日を守る意味

最初の行動の「締め切り日は厳守する」から説明する。一般に我々は「締め切り日」に対して「守らされる」という被害者意識が強い。入社したそのときから「締め切り日」と付き合っているためかもしれない。

しかし、SEマネジャはその意識を払拭しなければならない。SEマネジャは職務上、期限付きの数多くの報告書や回答書などを扱う。まず、月次プロジェクト報告、残業時間・休暇などの勤務報告、経費報告といった定期的な各種報告書を処理しなければならない。さら

表●必ず締め切り日を守ることの効果

①自分の組織やグループの信用度を高められる
②上位の社内組織や他のSE関連部門から信頼され，協力を得やすくなる
③上位の社内組織や他のSE関連部門のメンバーに迷惑をかけずにすむ
④しっかりした部下を育成できるようになる

に上位組織や本社部門から突然求められる不定期的な報告書の提出などもある。

一連の報告は重要度の差はあってもすべて会社の経営に関係する。したがって、SEマネジャは内容を吟味することは当然だが、とりわけ締め切り日を厳守しなければならない。すると表に示した効果が得られる。

SEマネジャが期限を守らないと、上司をはじめとする上位組織、本社の関連部門など、数多くの組織の仕事を混乱させる。多くの社員へ迷惑をかけ、ひいては会社全体の効率を低下させる。

社内部門や会社に迷惑をかけるだけでなく、SEマネジャ自身にも火の粉が降りかかって来る。すなわち、締め切り日を守れないSEマネジャがいる組織の社内信用度は低くなる。SEマネジャの発言力も下がり、業務の遂行や人事、経費などで困ったときに、社内へお願い事項や協力要請を上げても、なかなか通り難くなる。

当然、プロジェクトがピンチのときに不可欠な動員力も低下し

ていく。やることをやらないでいて、いざというときに要求を出してもだれも助けてはくれない。「締め切り日を厳守する」ことにあまり自信が持てないマネジャは、締め切り遅れがもたらす悪影響について十分認識すべきである。同時に「締め切り日を守らされる」という被害者意識を捨てることである。

締め切りへの対応がすべてを語る

たかが「締め切り日」と考えるマネジャがいたとしたら、それは大きな間違いである。「締め切り日を守れない」マネジャの組織は、往々にしてビジネスの成績も、プロジェクトの状況も、部下の育ち方もあまり芳しくない。ここには間違いなく関連がある。

筆者は第一線のSEマネジャの時には経験が不足していて、この関連については推測の域を出なかった。だが、その後の本社部門での経験から、このことは確信となった。読者の上位の管理職も同じ見方をしているはずだ。

「締め切り日の厳守」は、そのマネジャの「しっかり度」を表す。締め切り日を守れないルーズなマネジャは仕事の面でもパッとしない。SEマネジャの中には、「ビジネスの達成やプロジェクトの成功が第一だ」、「顧客から信頼を得ることがなにより大切」として、「社内の締め切り日など遅れてもいい」と考えているものもいる。それは、はかない夢である。基本ができなくて応用問題が解けるわけがない。「締め切り日」に弱いSEマネジャは、自分の日ごろの仕事のやり方に問題はないか、自己点検する必要がある。

締め切り日を厳守するポイント

直ぐに記入できるものはサッと記入する　締め切り日を待たずに提出し、頭から忘れることである。締め切り日までに出せばいいと思っていると、いつまでも気になるし、「つい出し忘れる」こともある。

定期的な報告書などは締め切り日の2日前をめどに用意する　理由が何であれ、定期的な報告書の提出が遅れては社内への影響が大きいし、信用もなにもあったものではない。言い訳のしようもないから、とにかく余裕をもって対応することが肝要である。

締切は自分で管理　突然、求められる不定期な報告・調査などについては、特に忘れやすいので、必ず自分なりの仕組みを作って締め切り日を管理すること。締め切り日をカレンダーや手帳に書いて毎日確認するとか、処理済・未処理がひと目で分かる「締め切り日一覧表」を作るなど、自分で工夫することである。

部下に締切を徹底　部下のSEに常日ごろから、「締め切り日の重要性」を指導しておくこと。「しっかりしたSE」を育てるために、「締め切り日」の指導は欠かせない。勤務状況、プロジェクトの状況や翌月の計画などは、そもそも部下がきちんと報告してこないと、SEマネジャも上に報告できない。つまりSEの指導を怠っているSEマネジャが締め切り日を守ろうとしても不可能に近い。

時折、期限が守れなかった理由として、「部下から報告が遅れたから」などというSEマネジャがいるが、部下のせいにする前に自分の指導の仕方について自問自答してみるべきである。一番の指導・教育は、SEマネジャ自身が締め切り日を守る努力と姿勢を部下に見せることである。

どうしても遅れる時は「遅れる」と必ず連絡する　いつ提出するかも伝えること。「黙って遅れる」のが最悪である。先方はいつ提出されるのかと、いらいらするし、次の仕事の段取りができない。緊急の事態や突然の出張などで締め切りに遅れることは避けられないが、それでも10回に1~2回ぐらいにしたい。日ごろから締め切りを厳守しておれば、遅れた時に先方は「きっと緊急の事態が起こったのだろう」と考え、かえって励ましてくれる。

たまには逆の立場で考える　部下の中には「いつも締め切り日に遅れるSE」がいる。そのようなSEを自分はどう見ているか、思い出してみる。社内の締め切りを守れないSEは、プロジェクトを担当させても期限を守れないし、時には顧客との約束まで破るものである。

鉄則43●自分の立場を貫け

SEマネジャは、その責任をまっとうするために、たとえ自分を殺してでも「SEのリーダー」としての立場を貫かなければならないときがある。その場合、SEマネジャは「自分であって自分ではない」と覚悟し、たくましく行動すべきである。

SEマネジャは「SEのリーダー」である。時には、リーダーの責任と誇りをもって、SEマネジャである自分の立場を貫かねばならない。

SEマネジャをやっているとさまざまなことに遭遇する。営業担当者にせっかく技術的なアドバイスをしても無視されたり、技術的にかなり問題のある開発プロジェクトを顧客に提案したいと営業担当者が相談にやって来たりする。あるいは営業マネジャにSEの担当替えを打診して、反対されることもある。

一方、上司からは突然、顧客のシステムを開発中のSEの異動を申し渡されたり、別なプロジェクトに助っ人を出すよう指示される。提示したプロジェクト体制やSEのジョブアサインを上司に反対される、といった具合である。

いずれのケースでもSEマネジャは、技術上、プロジェクトの遂行上あるいはSEの育成

表●自分の立場を貫くことの効果

①顧客にご満足いただけるSE活動を展開できる
②責任を持って仕事を完遂できる
③部下のSEのやる気を向上できる
④しっかりしたSEの育成につながる

上、問題があると思ったら、ＳＥのリーダーとしての責任感とプロとしての誇りをもって、技術やビジネスに関して遠慮なく自分の意見を述べるべきである。そして、「こうしたい、こうすべきである」と自分の立場を明確にし、ＳＥのプロでしか言えない建設的な意見を出す義務がある。その上で討議して関係者と解決策を考える。これは、その場しのぎの妥協よりも、はるかに温かい行為である。お客様にも迷惑をかけないし、ＳＥも喜ぶからだ。技術の世界ではその場しのぎは長続きしない。技術的に無理なことを「やらされる」ほどＳＥのモラールを下げることはない。

このくらいのことができないようでは、いつまでたってもマンパワーを提供するだけの世界から抜け切れない。ＳＥマネジャが節度のある態度をとることにより、「あのＳＥマネジャはうるさいが、彼がＯＫしたシステム開発や導入は安心できる」と周りから信頼されるようになり、表に示した効果が得られる。

営業部門とＳＥ部門は車の両輪である。お互いが職務をまっとうすることによって初めて良い仕事ができ、「営業＋ＳＥ＞２」の数式が成り立つ。

ＳＥマネジャの沈黙は罪悪

　しかし、ＳＥ職種の人間は、仕事柄か、会議などで営業マネジャやお偉方に遠慮しがちになり、あまり発言しない傾向がある。中には「この案件は技術的に問題があるが、わざわざ言わなくてもみんな分かるだろう」と勝手に考えて意見を控える人がいる。「この人はどうせ技術のことは分からないから、言っても無駄」と割り切って発言しない人もいる。だが、黙っていたのでは、相手は技術上の問題があるのか、自分の意見に「ノー」なのか「イエス」なのかが分からない。それでは結果として、顧客や会社、営業部門に迷惑をかけることにもなりかねない。

　さらに黙っていたにもかかわらず、「おれは反対したが、営業が無理なセールスをした」とか「上司が決めたのだから仕方ない」などと、さも自分は悪くないように愚痴を言うＳＥマネジャがいる。こうした無責任な態度では部下はだれもついてこない。リーダーシップどころではなく、ＳＥマネジャとして失格である。ＳＥマネジャは、部下に責任をもつ管理者であり、顧客のシステムの責任者であり、ＳＥのプロである。その責任感と誇りがあれば、愚痴を言う前に「おれの存在価値は何か」と真剣に考えるはずである。

自分の立場を貫くポイント

客観的な正しさが必要　自分の立場を貫くと言うことは「我」を通すことではない。相手と意見が違うときは、自分の主張は顧客や会社にとってどうなのか、部下のＳＥにとってどうかという原点にまで戻って考えてみる。そうすれば、自分が「わがまま」なのか「正しい」のかがある程度判断できる。

自分の立場を通す「力」がいる　これまで説明した、「独りでぶらっとお客様を訪問する」、「プロジェクトは自分でレビューする」といった行動を通じて、ビジネスと顧客の状況を把握しておく。同時に、技術力も持たなければならない。討議にあたっては具体的にビジネスの数字、顧客の担当者の名前や考え、システムの事例などを使って話すと説得力が増す。

顧客からクレームをもらったり、システムの開発や導入で営業マネジャや上司に迷惑をかけるようでは、自分の立場は貫けない。上司や営業マネジャはＳＥマネジャより権力がある。彼らと対等に討議・交渉して、しかも自分の考えを通すにはそれなりの努力と実績が不可欠である。

営業はセールスがすべてである。ＳＥマネジャがセールスに強いと営業はそう簡単にはＳＥマネジャの意見を無視できなくなる。ＳＥのやる気を下げるような安請け合いをしなくてすむし、SEのアサインを考えたビジネスができるようになる。その結果、SEはモラールが高く生き生きと働け、成長できる。

主体性が重要である　傍観者的に相手に対して「どうしましょうか」と言うのではなく、「こうしたい」と自分の意思を明確に表明すること。質問には否定的な「Can't」ではなく、「Yes, but...」「Better than...」のスタイルで答える。SEは仕事柄、否定的になりやすい、消極的な人間と見られがちなので要注意である。

意見がぶつかったときには、自分だったらどうするかという相手の立場で考える。営業と意見が違うときは「営業の責任」について考えてみる。上司と意見が違ったときは自分より大きな組織を動かす立場で考えてみる。こうすると案外、相手の気持ちが理解できるものだ。相手の気持ちと立場を理解できなくてはとても自分の意見は通せない。

被害者意識は厳禁　シビアな話のときほどSEマネジャは被害者意識に陥りやすいので注意する。他社ユーザーへ売り込んでいる営業担当者から、顧客にSEの体制を約束したいとか、上司から数週間にわたるSEの緊急応援を要請された、といった場合などである。その時はまず「応援しよう、助けよう」と考えることである。決してこの逆ではない。

一般に部下のSEの仕事を把握していないSEマネジャほど、「そんな無理を言われてもみんな忙しい」と難癖をつける。だが、セールスにはタイミングがあるし、人を助けておけば自分が困ったときに助けてくれる。部下も新しい経験ができる。これくらいの度量をもっていないと最前線のSEマネジャは務まらない。

時にはワルになる

まれに「本当に話にならない上司や営業マネジャ・営業担当者」がいる。こうした相手には、「良い意味でワル」になるしかない。顧客や社内の関係者に頼んで、〝圧力〟をかけてもらう。駆け引きや脅しの策を練って戦略的に攻める。ビジネス目標が達成でき、部下が育ち顧客に満足いただければたいていのことは許される。もちろん、あまり強引にすぎると周りの反感を買う。

部下はSEマネジャの行動をよく見ている。SEマネジャが「誇り」をもち体を張って仕事関係者とビジネスや技術に関して、メリハリのある態度をとっていれば部下のSEもそれを見習う。そして、お客様から頼りにされる「しっかりしたSE」が育つ。ただし、若いSEは力もないのに、SEマネジャの格好よさだけを見習いがちなので要注意である。

いくら立場を貫くとは言っても、お互い人間である。困ったときにはお互い相談するとか、間違えたときには素直に謝ることだ。仕事上の雑談や他愛ない話などのコミュニケーションも大切である。

鉄則44●右腕のスタッフを作れ

SEマネジャは、判断に悩み、自分でなかなか決断できないときがある。また、やることが多すぎてだれかの助けが欲しいときもある。そんなときに、相談にのってくれたり、助けてくれる部下がいれば救われるし、勇気もわき、明日の活力も出てくる。

仕事や人事、SEの育成などで迷ったときのために、真に相談できる部下を作っておきたい。また、担当顧客や担当プロジェクトが多いとき、あるいはトラブルのときには、だれかに助けてもらう必要がある。SEマネジャが直接、部下のSEに説明しても分かってもらえにくい話でも、部下を通じて伝達すればすんなり浸透することもある。

このように日ごろ、さまざまなことがあるが、SEマネジャが、「迷ったときに相談にのってくれたり、困ったときに助けてくれる部下」すなわち「右腕のスタッフ」を作っておくことは、組織の運営上、非常に大切なことである。その効果は大きい（表）。

右腕のスタッフとは、SEマネジャが業務や人事上の事柄で判断に迷ったとき、「俺はこう考えるが、君はどう思う」と相談でき、その相談に対し忌たんのない意見を言ってくれる部下である。ピンチのときに助けてくれる部下でもある。SEマネジャは右腕のスタッフを

表●右腕のスタッフを作ることの効果

①SEマネジャは独り善がりでない正確な判断が可能になり，仕事のミスを減少できる
②SEマネジャに時間の余裕ができ，SEマネジャしかできない仕事がやりやすくなる
③右腕のスタッフにさまざまな経験をさせることで，将来の後継者として育成できる
④忌たんのない意見を聞くことで，SEマネジャ自身のマネジメント能力を向上できる

持っていれば、独りよがりでない正確な判断ができる。ピンチのときも助かるわけで、部下や会社、顧客に迷惑をかけることも少なくなる。

特に、変化の激しい情報技術の世界にあっては、SEマネジャの知識と技術力だけでは判断ミスを起こしやすい。ある製品の機能や能力を過大評価したり、SEや顧客の人の能力を見誤ったり、プロジェクトの難易度を甘く見たりしがちになる。こうした判断ミスが原因でさまざまな問題が起こりやすくなり、時には命取りになる。

部下を信頼しないと右腕は作れない

ただし、SEマネジャが右腕のスタッフを作りたいと考えてもそう簡単に作れるものではない。信頼できる部下を持つには、それなりの「マネジメント・スタイル」が要求される。

SEマネジャにはいろいろなタイプがあるが、次のようなタイプなら、努力次第で右腕のスタッフを作ることができる。ま

ず部下を信頼して仕事をするSEマネジャである。仕事のポイントを押さえてマネジャが自分でやるものは自分でやり、後は部下のSEを信頼して任せるSEマネジャなどだ。

いつもバタバタと忙しそうに働いていて要領はあまりよくないものの、部下からは結構頼りにされているSEマネジャも右腕を作れるだろう。案外、ITも人間も好きだが、ややアバウトなところがあるSEマネジャでないと、右腕のスタッフは持てないのかもしれない。ただし、「部下に任せること」と「部下を放任すること」とはまったく違う。

逆になかなか右腕を作れないタイプとしては、部下の仕事の内容・やり方をいちいち自分で全部知らないと気がすまない、〝知りたがり屋〟がある。仕事の細かいところまで口を出す〝細かいSEマネジャ〟もいる。いずれも部下を信頼できないタイプである。

これでは右腕は作れない。上司が部下を信頼しない以上、部下が上司を信頼して助けるわけがないからだ。どうしても右腕のスタッフを持ちたければ、部下を信頼することである。

右腕のスタッフを作るポイント

価値観が合うSEを探す　SEマネジャと物事の考え方・SEとしての価値観が合うSEを右腕にすること。SEマネジャ個人をよく分かってくれている、周りのSEや営業担当者から人望がある、といったことである。

価値観が違えばＳＥマネジャとうまく意思疎通ができない。お互いによく分かりあっていないと、公にできない相談もできないし、正直な意見をやり取りすることもできない。仲間から人望がないようでは、右腕のスタッフとしては意味がない。

視野の広い部下が望ましい　そこそこなんでもこなせるし、非常に強い分野も持っている、周りのＳＥの気持ちが分かり助言ができ、相談にのってくれる。このぐらいでないと右腕のスタッフとは言えない。ＳＥの仕事の範囲は広いからだ。逆に言えば、バランスのとれた物の見方に弱いスペシャリストタイプのＳＥは右腕のスタッフには向かない。

視野の広いＳＥになるには、大規模・小規模顧客の担当経験や、販売、システム開発・導入、アプリケーション構築の経験など、幅広い経験が欠かせない。多様な経験をした部下がいれば助かるが、もしいない場合は、前述の条件にかなうＳＥを意識的に未経験分野にアサインして経験を積ませ、時間をかけて育てていくしかない。

他言は無用　あるＳＥを右腕のスタッフにしようと決めても、そのことは自分だけにとどめておくこと。本人にも、周囲や上司にも決して他言は無用である。ＳＥマネジャが人事ごとも含め、いろいろな相談をこれと見込んだＳＥにしていれば、だんだんと本人は信頼されていることが分かり、期待にこたえてくれるものだ。なまじ、口に出して言うと人間だから妙な邪念が働きかねない。その意味で、口が固いことも右腕の条件である。

チームワークの良い職場にする　そうでないと、いくら右腕のスタッフをおいても意味がない。いかに人間ができたスタッフでも、SEがそれぞれ勝手なことをしており、他のSEが困っているのに見向きもしない雰囲気の中では動きようがない。

チームワークの良い職場にするには、SEマネジャがこれまで述べてきた行動をとり、SEが協力しあう雰囲気を作るよう努力することだ。仕事を離れて全員が遊べ、笑えるような飲み会やスポーツイベントをなにかの理由をつけて、時折行うことも必要である。筆者は部下の誕生月を使って、年に何回か「誕生会」という名目の飲み会を開いていた。

一度、決めたらトコトン信頼する　彼の意見は勿論、マネジャにとって耳の痛い指摘でも怒らず、そして疑わずに100%信用すること。「騙されてもよい」と考えるくらいの度胸を持ち、仮に右腕の意見に間違いがあっても、「人間だから間違うこともある」とおおらかに構える。都合のよい時だけ右腕を利用するマネジャもいるが、それは厳禁である。

「便利屋」として使わない　相談とか助けを頼むにしても節度が必要である。本当に自分が困り果てて悩んだときにだけ相談するべきである。無節操に相談すると、マネジャの能力を疑われるし、右腕の本業であるSEとしての仕事の邪魔になる。

右腕のスタッフと見込んだSEといえども、他のSEと同様に仕事上の指導・管理をすること。仕事は仕事であり、右腕としての相談ごととははっきり区別する。意識してメリハリをつけないと馴れ合いになりやすい。特別扱いやエコヒイキは論外である。

自分を超えるマネジャに育てる　自分が身に付けたモノをすべて教え、それを彼なりに取捨選択させ、彼独自の考えを加味して、マネジメント・スタイルを確立させるのがよい。将来の後継者を育てないのはＳＥマネジャとして怠慢であり、その組織は必ずおかしくなる。

鉄則45●表彰・昇進を意識したジョブアサインを

表彰・昇進などの人事ごとは、ＳＥの育成とその組織のチームワーク作りに大きな影響を与える。ＳＥマネジャはしかるべきＳＥがしかるべき処遇を受けられるように、仕事を割り振り、指導し、その職務をまっとうさせなければならない。

ＳＥマネジャの重要な任務はジョブアサイン（仕事の割り振り）である。ＳＥマネジャは仕事を成功させることはもちろん、部下の表彰・昇進まで意識してジョブアサインを行わなければならない。ジョブアサインにあたっては細心の注意を払うべきである。表彰や昇進といった人事ごとは〝両刃の剣〟の性格を持つからだ。

優れた業績を上げるＳＥに対し表彰でこたえれば、部下は喜びモラールが上がり、組織力を強化できる。逆に、「なぜ彼女が表彰されたのか」、「なぜ彼ばかりいつも表彰されるのか」、「技術力がなくても主任になれるのか」といった、周りのSEが疑問に思うような表彰や昇進ならしないほうが良い。

少数精鋭の強いチームを作るにはこうしたチームワークにマイナスになる運用をしてはならない。毎年同じSEに表彰を与えることは厳禁である。すべてのSEにしかるべき業績を上げさせ、できる限り公平に受賞させることである。

それには、今年受賞させたいと思うSEに〝これは〟と思う仕事をアサインして表彰のチャンスを与える。そしてSEマネジャが自ら指導してその仕事を立派にやり遂げさせる。SEマネジャはリスクをとって、表彰を意識したジョブアサインとジョブの達成に挑戦すべきである。

そろそろ昇進の年齢を迎えるが、〝力が今いち〟のSEには難易度の高い仕事をアサインし、指導する。力がつくまでは心を鬼にしてでも、昇進を見合わせる。年功序列の企業では異論が出るだろうが、組織の原則として上の立場のSEはそれだけの仕事ができなければならない。そして、仲間から「おめでとう」と祝福される存在でなければならない。この原則が崩れるとチームワークはおかしくなり、強い技術集団は作れない。力のないSEがリーダーになると、顧客へ迷惑をかけるし、結局後で本人も困る。

ジョブアサインと表彰のポイント

表彰・昇進を意識したジョブアサインのポイントを挙げておく。表彰・昇進など人事ごとは、各企業の人事制度によってかなり違う。読者はその点を考慮して読んでいただきたい。

計画が大切　毎年、期の初めに向こう2年間ぐらいの表彰・昇進候補者を決め、しかるべきジョブアサインを行う。表彰や昇進の時期になって急に考えると「だれにしようか」とか「彼は同期から遅れてかわいそうだ」などということになりやすい。

ジョブアサインのリスクをとる　昇進候補であるが〝力が今いち〟のSEを鍛えられるかどうか、部下に公平な表彰機会を与えられるかどうか、これらはSEマネジャのリスクをとる能力にかかっている。「独りでぶらっとお客様を訪問する」といった活動を通じて、SEマネジャはそれだけのパワーを持っておくこと。

公平に評価　表彰にあたって、各SEの業績を公平に評価しなければならない。この時に、「結果中心」で見ると部下は不公平感を持ちやすい。「プロセス」も十分見て評価すること。

プロジェクトに成功したといっても、やるべきことを行って成功したのか、それとも〝結果オーライ〟だったのかを見極める。プロジェクトでトラブルが起こってしまったとして、それは起こるべくして起こったのか、だれが担当しても不可避だったのかで評価は変わってくる。

SEマネジャはこれらを見極める「眼力」とともに、日ごろの「SEの仕事を知る」地道な努力が必要になる。

最初の表彰は実績に応じて　若手SEを最初に表彰する場合は、〝本物〟の仕事をしたときだけ賞を与えるほうが良い。本人の喜びも倍になるし、自信を持ち、大きく伸びるようになる。下手に〝結果オーライ〟なケースで表彰してしまうと、本人は間違った仕事のやり方を「これが正しい」などと変な自信を持ってしまい、成長が止まる。とにかく最初が肝心である。

時には、周りのSEがびっくりするぐらいの抜てきが必要である。そのほうが組織が活性化する。もちろん、抜てきするSEは自他ともに認める能力と実績を持っているものに限られる。

情も大切　SEマネジャも人間だから、「情」がある。情けのために、表彰・昇進で無理をすることもある。そんなときは部下に「もっともらしい理由」で説明すること。日ごろからSEマネジャとの間に信頼関係があれば、部下は案外と〝分かってくれる〟ものである。

後輩に贈るチェックリスト

ここまで、SEマネジャがリーダーシップを身に付けるための12の行動について述べてきた。12の行動がしっかりできれば、「ビジネス目標の達成と部下の育成」の両方を必ず達成できる、と筆者は確信している。

SEマネジャ職にある読者の方は、部下のSEのため、顧客のため、ひいては会社や日本の情報化のために、真正面から12の行動に取り組んでいただきたい。

読者の中には12の行動について、「とても俺にはできない」と思っている方もおられると思う。重要なのは理屈抜きで行動することである。そのために、表のような「チェックリスト」を作ることをお勧めする。

この表を参考にして自分なりのチェックリストを作り、定期的に自分の行動を評価する。また部下にも評価してもらい自己評価との違いを知ることも重要である。自分でダメだと思っていた点が良かったり、その逆であったりして、自分の行動を客観的に見られる。このチェックリストはSEマネジャの通信簿である。「部下に頼むのはちょっと」と考え込む方もおられると思うが、それぐらいの度量がなければ自己改善は望めない。

表●リーダーシップを身に付けるための12の行動のチェックリスト。ビジネス目標の達成と部下の育成のために，毎月あるいは2カ月単位に自分の行動を点検すること。主要チェック項目に関して評価し，結果を◎○X△などで記入する。◎○が合計10個あれば一流，5個では猛省したい

12の行動	主要チェック項目
独りでぶらっと お客様を訪問する	●全顧客，全プロジェクトの現場を訪問する ●顧客にコミット（約束）しない ●顧客の現場の担当者とも話す ●カットオーバー前後は必ず訪問
ビジネスの話をして セールスに強くなる	●売り上げ/利益目標，達成率，計画値を知る ●戦略の妥当性の討議ができる ●顧客別の販売計画などをレビューできる
プロジェクトを 自分でレビューする	●全プロジェクトをレビューする ●コメントをSE，営業へフィードバック ●計画通りのカットオーバーを厳守 ●若手をガイドする
社内のSE関連部門に 顔を出す	●SE関連部門の担当者と話す ●月1回程度顔を出す
部下の報告書に必ず 適切なコメントを書く	●全SEと営業担当者が対象 ●全報告書，全メモ，全メールが対象
仕事の価値観を 徹底指導する	●日常の行動指針を提示する ●物事の考え方について会話し討議する ●伝わったかどうかを確認
部下のSE全員に 同一の内容を伝える	●一緒の場で全SEへ伝達する ●ミーティング欠席者へ議事録を回す ●メール，レターなどの活用
情報は即座に関係者へ 自分の意見を必ず 添えて伝える	●全電子情報，全書類が対象 ●情報をためないようにタイムリーに伝える ●全SEを対象に妥当なコメントを書く
締め切り日は厳守する	●全レポートが対象
自分の立場を貫け	●意思表示を明確にする ●自分の主張がどのくらい通ったかを確認
右腕のスタッフを作れ	●裸になって相談する ●相談した結果，どのくらい助かったかを確認
表彰・昇進を意識した ジョブアサインを行う	●表彰・昇進を意識したジョブアサインをする ●アサインしたSEを指導する

鉄則46●SEマネジャは使われる立場

SEの組織をうまく運営できるかどうかは、「SEマネジャの考え方・心構え」一つにかかっている。最も重要な考え方として「SEマネジャは部下に使われる立場である」ことを説明する。これはSEマネジメントの基本である。

できるSEマネジャは物事の考え方がしっかりしている。とはいえ、SEマネジャも人間であり、自分の「マネジメントのやり方」について時折悩むものである。そんな時、同僚や顧客、営業あるいはSEが話したひと言であるとか、新聞や本などを読んでいて見つけたひと言からヒントを得ることがある。

問題意識を持っている人ならこうした経験は必ずお持ちだろう。人間は「一つの考え方」を知ることで、自信がわいたり、新しい世界がひらけたりする。そしてそれを糧に一つひとつ成長していく。

ここでは「SEマネジメントの心構え」という切り口で、後輩のSEマネジャの方々に役立つと思う考え方を紹介していきたい。これまで説明してきた考え方と同様、筆者が現役のSEマネジャだった時代に日ごろから心掛けていた事項である。

これらの心構えが読者の皆さんの日常の仕事のなんらかのヒントとなって、抱えていた迷いが吹っ切れ、新しい挑戦への意欲や自信がわき、ひいては皆さんの成長の糧になれば幸いである。今回は、「SEマネジャは使われる立場」について述べる。

部下の仕事にいちいち口を挟まない

SEマネジャは部下を使う立場ではない。「部下のSEに使われる立場」である。つまり、SEマネジャは部下の仕事のやり方にいちいち干渉しないで、部下の判断に任せ、部下が困ったときに初めて助け船を出す。「部下に使われる」とは、このような仕事のやり方を意味する。

部下に仕事を任せると、入社2、3年目の若手SEは別であるが、それ以外のほとんどの部下は1・3～1・5人分の仕事をしてくれる。仮に部下が10人いるとすると、13～15人分の仕事ができることになる。SEマネジャ1人がどんなに頑張っても、SE4～5人分の仕事は絶対にできない。

しかし、この簡単な算数がなかなか分からないSEマネジャがいる。「俺はマネジャだ！」とばかりに部下に仕事をやらせる。このように「部下を使う」感覚で仕事をしていると、部下が10人いても7～8人分の仕事しか達成できない。「部下に使われる」場合と比較する

表●SEマネジャの比較表

	部下に使われるSEマネジャ	部下を使うSEマネジャ
部下の能力発揮の度合い	最大限発揮（130%以上）	ほどほど（80%まで）
部下の仕事の態度	自主的，能動的	受け身
部下のスキル習得態度	自ら学ぶ，自己啓発	教えてもらう
成功した時の部下の態度	マネジャに感謝する	自分の力と考える
部下の成長の可能性	無限	有限
要求されるSEマネジャの力	交渉力,動員力など広範囲な力	狭義の統率力
SEマネジャの12の行動実施	必須	必須ではない
SEマネジャのタイプ	兄貴・先輩タイプ	指示・命令調タイプ
SEマネジャの仕事の難易度	厳しいし難しい	どちらかというとやさしい
SEマネジャのリスクの度合い	大きい	小さい
組織力の強化の可能性	強くなる	強くならない
生産性	高い	低い

と、実に「2倍」のSE戦力差が生まれるわけだ。

もともと、SEの仕事は建築家や医者のように、その人が持っているノウハウを生かして付加価値を創造するものである。「価値創造」の仕事であって、単純に作業工数で把握する「人月」仕事ではない。したがってSEマネジャはSEの技術力や創造力などを最大限引き出すとともに、部下の技術に対する探求心を醸成するようなSEマネジメントに取り組む必要がある。

そのために、SEマネジャは部下にSEとしての使命感や自主性と責任感を持たせ、部下を信頼して任せるべきである。そのSEの実力の120%ぐらいの力を必要とする仕事をアサインして、後は任せる。人間は任されると「やる気と責任感」がわき、主体的に仕事をするものである（表参照）。

そのSEはアサインされた仕事を成功させるためには何を行えばよいか自分で考え、不安な点は自分で調べ、困ったときには先輩やSEマネジャに相談しながら仕事を進めていくだろう。こうして自分の力を最大限、発揮するはずだ。その仕事が成功裏に終ったときに、SEは深い満足感と達成感をおぼえる。万一、失敗したとしても自ら反省して成長していける。

中にはSEマネジャに関係なく自分の力で成長していくSEもいるが、筆者の経験ではこうしたSEは全体の10％程度しかいない。

SEが働きやすい環境を作れ

部下のSEを信頼し、仕事を任せたからと言って、SEマネジャがなにもしなくてよいと言うことではもちろんない。大きく三つの注意点がある。

第一は、SEの仕事を見極めることである。部下のSEがしっかり仕事しているかどうか、顧客に迷惑をかけていないか、ビジネスのことも考えて効率よく仕事をしているか、このままプロジェクトを進めても大丈夫か。こうしたことの見極めはSEマネジャの重要な仕事である。SEマネジャはSEの仕事の状況を分かっていないと、任せることができない。

SEマネジャは「リーダーシップをとるための12の行動」で述べてきた、「顧客をぶらっと訪問する」「自分でプロジェクトをレビューする」といった行動をとり、SEの仕事の状況を見て、問題があれば助言を与えたり指導することをおろそかにしてはならない。

二つ目の注意点は、SE同士が助け合うチームワーク作りやSEがやる気を起こす土壌作りに気を配り、SEが働きやすい環境を用意することである。

三つ目の注意点は、部下のSEが困ったときに助けられるだけの力、すなわち「使われがいのあるパワー」を持つことである。SEが仕事をしていて問題にぶつかったときに重要なことは、SEマネジャが部下を助けられる力を持っているかどうかである。

SEマネジャにどんな問題が飛んでくるかは分からない。SEに適切な助言をすることは勿論としても、顧客と交渉したり、助っ人のSEを急きょアサインすることもある。あるいは営業と話をつけたり、社内や顧客に頭を下げてでも無理を通したりする。

SEマネジャが、「使われがいのあるパワー」を持っていれば問題はないが、そうでなければ顧客や営業に迷惑をかけ、トラブルが起こる。つまり、「部下に使われる立場」で仕事をするということは、かなりのリスクが伴う。

リスクを避けるためには、SEマネジャの社内外への発言力と交渉力がポイントとなる。

SEの動員力、営業や社内関係部門への発言力、顧客との交渉力が、「使われる立場」になるために不可欠である。いずれも「顧客をぶらっと訪問する」など、12の行動によって身に付く力である。

SEマネジャは、日ごろから部下のSEに、「SEマネジャは皆さんが使うもの。決してその逆ではない。自分で考えて仕事をやってくれ。困ったときに必ず助けてやる」と明言しておく。SEマネジャにとっても部下にとっても、プレッシャーがかかり、お互い努力するようになる。

SEマネジャが「使われがいのある力」を持っていれば、自ずとしっかりしたSEが育ちビジネスも発展する。「部下に使われる」ことによって、結局は部下のSEを上手く使っているのかもしれない。だが、部下の力を最大限引き出せ、部下が成長し少数精鋭の技術集団が作れ、ビジネス目標を達成できればなんの問題もない。

鉄則47●SEマネジャは「公人」、「個人」ではない

SEマネジャは個人ではなく、「公人」である。ビジネス目標の達成と部下の育成のために、時には自分を殺して判断・行動することを要求されるからである。マネジャの

権限を正しく行使できるリーダーシップを身に付けなければならない。

本書の原本であるＳＥマネジャ向けの小冊子を書いた時に、「ＳＥマネジャは公人である」ことを説明するために、筆者は「ＳＥマネジャはＢＯＸである」という表現を使った。この表現は、「独りでぶらっとお客様を訪問する」と並び、小冊子の中で相当評判が良かった。小冊子を読んだ後輩のＳＥマネジャから、「ＳＥマネジャはＢＯＸだと言われ、心のモヤモヤが吹っ切れました」、「自分の気持ちが整理でき、自信もわきました」といった感想を当時よく聞いたものである。

ＳＥマネジャは「ＢＯＸ」である

「ＢＯＸ」とはあまり聞き慣れない言葉かもしれない。これは組織図に出てくる箱（ＢＯＸ）を意味する。たいていの会社ではライン管理職やプロジェクトマネジャは、組織図では箱の形で記載されている。

ある「システム部」の中に、「システム一課」、「システム二課」、「○○プロジェクト」という三つの組織があったとしよう。組織図上では、三つの組織はＢＯＸで表現され、各ＢＯＸの中にその組織を担当している課長や責任者の名前が記載される。たとえば、システム一課は馬場史郎、システム二課は坂井純子、○○プロジェクトは竹中洋人といった具合である。

重要なのは、馬場は馬場個人ではなく、システム一課長の馬場であると言うことだ。坂井も坂井個人ではなく、システム二課長の坂井である。竹中も同様である。個人のために組織があるわけではない。馬場、坂井、竹中が「たまたま」各組織を担当しているだけと考える。これが「SEマネジャはBOXである」という意味である。

つまり、BOXの担当者は職務さえ遂行できればだれでもよい。言い換えれば、だれが担当しようとも、組織の長としての行動と判断が要求される。馬場や坂井も人間、やりたくない仕事や嫌いなこともあり、虫が好かぬ部下や顧客の管理職もいるかもしれない。だが、職務を遂行するためには、個人の好き嫌いに関係なく、SEマネジャとして判断し、行動しなければならない。

ビジネス目標の達成が難しくなってきたら、嫌がるSEをビジネスチャンスがある顧客に急きょアサインする必要も出てくる。プロジェクトを成功させるために、顧客の管理職の中でとりわけ自分が苦手としている相手とでも交渉しなければならない。営業担当者と技術面で面倒な喧嘩をすることもある。いずれの場合も、個人の好き嫌いなど言っていられない。

BOX、すなわち職務が先であり、個人が後である。このことはSEマネジャならだれしも頭では分かっている。だが、常に意識していないと、人間は弱いもので、安易な行動を取りがちである。日ごろからSEマネジャは「自分はBOXである」「自分であって自分ではない」と考える習慣を付けたほうが良い。

一般にSEマネジャでありながら主張すべきことでも主張しない人が多い。だが、BOXである以上、そんな我がままは許されない。

SEマネジャは部下に対しても、BOXでなければならない。ところが、部下の仕事のやり方や顧客への対応の仕方、勤務態度などがおかしいと思っても、ストレートに部下に注意できないSEマネジャが意外に多い。

部下に〝文句〟を言えないSEマネジャはいろいろなことを考える。例えば、俺は文句を言うのが苦手だ、注意したら相手はどう思うだろうか。部下の仕事の状況がよく分からないので反論されたら困る。情報技術に自信がないので突っ込めない、などである。

しかし、SEマネジャは部下の育成に責任を持つBOXである。注意すべきことは必ず注意しなければならない。特に若いSEを甘やかしたり、過保護にしては将来の会社の財産をつぶすことにつながる。

筆者が現役のSEマネジャ時代、筆者は多くの後輩のSEマネジャから、「わたしは部下のSEに文句が言えないので悩んでいる」と、酒の席などで相談を受けた。筆者はそうした時、次のように説明していた。

「文句を言いたくて言っているマネジャはほとんどいない。言いにくいのは分かるが、言うべきことを言わないより、はっきり言ったほうが部下のSEにとって温かい行為である。もちろん、イジメは論外だが」。

「人間は他人から言われないと自分のことはなかなか分からない。だれも注意しないと本人は気づかずに成長してしまい後で困る。それは上司として最も冷たい行為ではなかろうか」。

「言い方にもよるが、善意ならばどんなに厳しい注意をしても許される。その時、部下が頭に来たとしても善意ならば必ず分かってくれるはずだ」。

SEマネジャはもともとエンジニアとして育っているためか、自分から文句を言い難い性向を持つ。だが、優秀なSEマネジャは、この大きな壁にぶつかってもそれを乗り越えて来ている。

ちなみに、筆者は部下に文句を言う時に、「言ったら悪いかな」などと思わず、ストレートに言えるようになるまで、実に3年もかかった記憶がある。「俺はBOXであり、文句を言うのは温かい行為だ」と、気がつくのに時間がかかったのであろう。

BOXにはリーダーシップが必要

BOXには責任と権限が付いている。責任とは、ビジネス目標の達成と部下の育成である。そのために必要な権限が、業務指示、ジョブアサイン、労務管理、人事評価、経費の承認などである。権限はビジネス目標の達成と部下の育成のために、ＢＯＸに与えられた「道具」である。ＳＥマネジャはまずこの自覚を持たなければならない。

ＳＥマネジャに昇進した時に、「やっと現役から引退できた。情報技術を追いかけるのに疲れてきたところだった」とか、逆に「俺は現役のＳＥを続けたい。マネジャの仕事はできる範囲にとどめよう」などと考えるＳＥマネジャは間違っている。ＢＯＸを甘くみてはならない。ＳＥマネジャというＢＯＸは、現役のＳＥを引退した人の席ではない。もちろん、ＳＥの延長でもない。

時折、ＢＯＸが持つ責任と権限に対する自覚がないＳＥマネジャがいる。マネジャの責任をまっとうすることを忘れ、単なる道具である権限だけを振り回す。例えば、部下の仕事の状況を把握していないのに残業時間について文句ばかり言う。自分で顧客を訪問しないくせに、部下から報告ばかり求める。あるいは人事評価や異動の時に限って生き生きする。

逆に道具の使い方に無関心で、部下を放ったらかしのマネジャもいる。残業時間の管理さえしない人、報告を求めようともしない人、自分で勝手に顧客と相談して仕事を進めてしまう人、などである。いずれにしても、そんなＳＥマネジャが上に来たＳＥは本当に困る。邪魔にするか頼りにしないかどちらかである。

SEマネジャはBOXの責任と権限を認識し、道具である権限を正しく行使すべきである。そのために、BOXの人はそれなりのリーダーシップを身に付けなければなるまい。リーダーシップを持っているマネジャが、道具である権限を持ってこそ、部下を育成できビジネス目標を達成できる。リーダーシップを身に付けることはできるできないの問題ではない。必ずやらなければならない。それが企業というものである。

SEマネジャをやっていると楽しいことばかりではなく嫌なこともある。時には逃げたくなる時もある。そんな時には、「俺はBOX」と思い出し、「自分は自分であって自分でない」と考えて乗り切ってもらいたい。

鉄則48●全顧客とプロジェクト、全SEの状況を把握せよ

担当しているすべての顧客やプロジェクト、すべてのSEの状況をともに把握していなければならない。「部下のSE数」と、「顧客やプロジェクト数」を掛けた数百の組み合わせのうち、どのくらいまで状況を把握できるかが、SEマネジャの力量である。

SEマネジャの中には、すべての顧客やプロジェクトの状況、全SEの状況を実によく分

かっている人がいる。だが、一般には、特定の大規模顧客やプロジェクトと、それらを担当しているSEの状況しか分かっていないマネジャが多い。できるSEマネジャかそうでないかを決めるのは、SEマネジャが持っている「マトリックス・サイズ」の差であると筆者は考えている。

マトリックス・サイズとは筆者の造語なので簡単に説明する。まず、横軸に顧客名やプロジェクト名を、縦軸に部下のSE名をとったマトリックスを思い浮かべていただきたい。このマトリックスの大きさは、「顧客とプロジェクト数」×「SE人数」である。20人のSEと、15の顧客／プロジェクトがあるとすると、300の要素をもつマトリックスが出来上がる。実際には、300の要素のうち、何割かにSEがアサインされていることになる。

マトリックス・サイズがカギを握る

ビジネス目標を達成し、部下を育てるために、SEマネジャはこれら300の要素を頭の中に置き、個々の要素についてビジネスやプロジェクトの状況、SEの状況、問題点などを把握しなければならない。しかし、SEマネジャが頭に入れられる要素数には個人差がある。300全部入る人、半分くらいしか入らない人、いろいろである。

筆者は、「SEマネジャが頭に入れられる要素の数」をそのマトリックス・サイズと定義した。俗に言えば、「頭が回る度合い」である。SEマネジャのマトリックス・サイズが、そのマネジャが実際に要求されているサイズより小さいとどうなるか。SEマネジャにとって〝見えない〟顧客やプロジェクト、SEができてしまい、中途半端な仕事しかできなくなる。

例えば、部下を指導したり評価しようとしても、自分の頭の中でしっかり把握している一部のSEについてだけしか正確な判断が下せなくなる。緊急事態が起こって、あるSEを助っ人に使いたくても、そのSEが今担当している仕事に支障が出るのかどうかも判断できない。

育成を考えたジョブアサイン（仕事の割り振り）も、SEマネジャが分かっている一部の顧客やプロジェクトの範囲でしかできない。当然、仕事の優先順位を全顧客の観点から付けることもできない。〝見えない〟顧客に迷惑をかけることもある。信頼感も一部の顧客やSEとしか築けない。

したがって、SEマネジャは職務で要求されるマトリックスを自分で計算し、マトリックスの個々の要素の「状況」を鮮明に頭に描けるようになることが肝要である。どのくらいの数が頭に入るかで、SEマネジャの能力を測ることができる。この数が300で一人前、500以上で一流のマネジャと言えよう。

筆者は本書で、「独りでぶらっと顧客を訪問する」、「プロジェクトは自分でレビューする」といった12の行動を説明しながら、全顧客やプロジェクトの状況、全ＳＥの状況をＳＥマネジャは把握しなければならない、としつこく述べてきた。

それはＳＥマネジャが常日ごろから、マトリックスの個々の要素の「状況」を頭にたたき込んでおくことが、ビジネス目標の達成と部下育成の原点と考えるからである。

マトリックスの個々の要素についてビジネスの状況、プロジェクトの状況、ＳＥの状況、問題点などが頭に入っていて初めて、ＳＥマネジャはどの顧客を訪問してもポイントをついた会話ができるし、ＳＥや営業担当者を側面から援助できる。営業担当者と交渉するときでも相手を信用させる話ができる。もちろん、ＳＥの相談にものれるし、適切な指導もできる。

マトリックス・サイズが小さくて、自分の分かる範囲でいかに頑張ってみても、ＳＥマネジャの任務をまっとうすることはできない。だが、現実にはマトリックス・サイズが小さく、特定の顧客やプロジェクトにしか頭が回らず、他の顧客／プロジェクトやＳＥを放ったらかしのＳＥマネジャが多い。

筆者の経験では、ＳＥ時代に同時に複数の顧客やプロジェクトを担当したことのない人は、どうもマトリックス・サイズが小さいようである。こうした人は乱暴な表現をすれば、たくさんの顧客やプロジェクトを担当するマネジャには不向きである。複数の顧客で10も20

もの仕事が同時に進行するとついていけないのであろう。

したがって、将来のＳＥマネジャ候補には、必ずＳＥのときに複数の顧客やプロジェクトを同時に担当させ、「頭が回る」ようになる訓練をしたほうが良い。マネジャになってからでは遅すぎる。

不幸にしてマトリックス・サイズが小さいままＳＥマネジャになった人は、１、２件の大規模顧客やプロジェクトを担当する仕事をするか、もしくはプロジェクトやＳＥのあまり細かいことは気にせずに、ポイントを押さえたマネジメントをするよう心掛けることである。別の言い方をすれば、手の抜き方を覚えたほうが良い。そうでないと、顧客やＳＥ、営業に迷惑をかける。

単なる計算機であるコンピューターですら、マルチプログラミングやマルチスレッドができる。ＩＴの専門家であるＳＥマネジャがシングルジョブしかできないことはあり得ない。一つの仕事にＣＰＵを使い過ぎないように、うまくタイム・スライスをかけるやり方を身に付けることが重要である。

筆者は現役時代、約５００のマトリックス・サイズを必要としたが、当初は非常に苦労した。毎月、５００要素の一つひとつについて、「分かり度合い」を頭の中で点検し、顧客やプロジェクトについて不確かな要素があれば、直ちにその顧客を訪問するなどして、空白を埋める努力をした。そしてだんだんと自分のマトリックス・サイズを拡大していった。

公平なマネジャはＩＴにも強い

部下を公平にマネジメントすることはマネジャの基本である。部下のＳＥには、大規模な顧客やプロジェクトなどで目立つ仕事をしているＳＥと、地味で目立たない仕事をせざるを得ないＳＥがいる。地味な仕事をしているＳＥが一人でも、「どうせマネジャは分かってくれないから」と思うようなマネジメントをＳＥマネジャは絶対してはならない。

部下を公平にマネジメントするためにも、ＳＥマネジャには自分のマトリックス・サイズを広げる不断の努力が求められる。しかも、マトリックス・サイズが大きいだけでは不十分である。肝心のＳＥがやっている仕事を理解できなくては困る。部下が担当しているＩＴを最低限、理解しておくことが不可欠である。

部下のＳＥがいろいろな仕事をしていればそれだけ広範囲なＩＴの知識がＳＥマネジャに要求される。ネットワークを担当しているＳＥが部下にいればネットワークを、ＵＮＩＸのＳＥがいればＵＮＩＸを、メインフレームのＳＥでは彼が担当しているＯＳやミドルウエアを、システム開発をしているＳＥでは開発手法を、ＳＥマネジャは知っていなければならない。

SEマネジャがこれらのITをある程度分かっていて初めて、SEとまともな会話ができる。その上で顧客の担当者のスキルやシステムの要求品質、アプリケーションなどを知ることにより、仕事の難易度が判断できる。こうしてやっと公平な指導や評価ができる。

特に職人タイプのSEは、ITに弱いSEマネジャを馬鹿にしかねないので要注意である。SEマネジャが適切なマトリックス・サイズとSEの仕事を理解できる力を持ってこそ、部下の公平な人事評価・昇進・表彰、そして育成を考えたジョブアサインができる。

鉄則49 ● SEマネジャは夢や志を持て

SEマネジャには「夢や志」が欲しい。夢や志を持ち、部下のSEたちと共有することもリーダーたるSEマネジャの仕事である。共有した夢や志に向かって働くことにより、SEマネジャも部下も前向きにモラール高く働けるし成長もする。

SE組織のリーダーであるSEマネジャは、部下のSEと共有できる「夢や志」を持つべきである。夢や志とは、SEマネジャ自身が執念を燃やせるもの、愛せるもの、信じられるものである。同時に、多くの部下の共感を呼び、賛同が得られるものでなければならない。

具体的な夢や志は、SEマネジャ一人ひとりの人生観、仕事感、仕事の環境などによって異なる。SEマネジャは技術者であるから、「日本一の技術者集団になろう」、「顧客から名指しで呼ばれるSEばかりにしよう」、「顧客の経営に役立つ、優れたシステムを作ろう」、「営業優先の社内でSEの力を示そう」といったものが考えられる。

あるいは、「顧客を増やしともに働く仲間を増やそう」、「売り上げナンバーワンになろう」、「上場企業になろう」というビジネスよりのものもあろう。志というにはちょっと泥臭いが、「東京の連中には負けたくない」、「競合他社、特に某社には必ず勝つ」というものもあるかもしれない。

SEマネジャがこうした夢や志を持つと、部下とSEマネジャがともにそれを日ごろの心の励みにして生き生きと働けるようになる。その夢を追いかけ、志を遂げようと努力するから、進歩も成長もする。

ビジネスが厳しいときや困ったときでも、夢や志があれば、それがSEマネジャやSEの「心の支え」になる。お互い「○○のために頑張ろう」と心に訴え、踏ん張れ、そして奮起できる。

嫌なことも我慢できる。厳しいときには、責任感や義務感、給料や昇進への期待といったことだけでは、なかなか前向きに働く意欲を維持できないものである。

図●SEマネジャの心構え

苦しいときに心の支えを持っていないSE組織は、「言われたからやむを得ずやる」という受け身で後ろ向きの集団になりかねない。どうせ仕事をするなら明るく楽しくしたほうが良い。

SEマネジャが夢や志を部下と共有することは、チームワーク作りにも役立つ。部下のSE全員の価値観や考え方が合っていないと、建設的なチームワークができる集団は生まれない。

SEマネジャが夢や志を持って元気よく走っている姿を見ると、部下のSEもおのずと、SEマネジャが追いかけている〝何物か〟が分かってくる。部下もそれに共鳴して走り出し、チームワーク作りに好影響を与える。

そのためにも、SEマネジャは日ごろから部下のSEとの間で、夢や志を共有できる関係を築くことに努力したい。そうすることで、苦しいときには苦しみを分かち合え、楽しいときには一緒に笑えるSE職場を築ける。

こうした職場になってこそ、SEマネジャは少々の冒険であっても部下の結束力と技術力を信じてリスクが大きいビッグビジネスや先進プロジェクトに挑戦でき、ビジネスを伸ばせる。命令と指示だけで人を動かして仕事をするのには自ずと限界がある。

筆者が持っていた二つの「志」

具体例として、筆者の現役時代の話を紹介してみたい。一つの事例として読者の方に少しでも役立てていただければと思う。

筆者はSEマネジャの時代に、自分自身を頑張らせるとともに、部下を引っ張るために、「二つの志」を持っていた。一つは筆者が担当していた業界の中で、自社のビジネスを伸ばすこと。もう一つは、部下のSEを全国どこのSE組織でも通用する、しっかりしたSEに育てることであった。

ビジネスを伸ばせば、自分の組織の自社内における発言力が強まり、ひいては顧客サービスの向上につながる。また、部下が将来、他のSE組織へ異動したときに、スキル不足で困ったらかわいそうだ。筆者はこう考えた。

筆者は運輸業のお客様を担当していたが、運輸業向けの売上高は当時、全社の売上高のわずか2~3%しか占めていなかった。担当しているシステムも中規模のものが多く、先進技術を使ったものはまだ少なかった。したがって筆者のSE組織は社内での発言力が非常に弱く、技術力もそれほど高くはなかった。

そこで、この二つの志に執念を燃やし、若さに任せて猛烈に頑張ったものである。まずビジネスを伸ばすために、販売に力を入れた。もちろんシステムの開発・導入をしっかり行うことは当然だが、それだけにとどまらず、販売活動へSEを積極的に投入した。販売時の顧客訪問はもちろん、販売戦略や提案書を営業と筆者や部下のSEと一緒になって作った。

技術に加えて販売活動にも強いSEを作るために、運輸業界のシステム化の歴史や方向性、運輸業のアプリケーションについて、部下のSEや営業担当者に早朝勉強会を開いて教えたりした。販売活動をしているときに顧客とどう会話したらよいかを教えたり、顧客に読んでいただける資料の作り方も部下に指導した。本社部門などのSEを動員できる工夫もいろいろとした。

こうした努力が実り、ライバルメーカーとの競合では相当な勝率だったと思う。もちろん、営業の力が大きかったわけだが、部下のSEが一緒に闘志を燃やしたことも小さくはなかったはずだ。

一方、全国どこへ行っても通用するSEを育てることにも取り組んだ。しっかりした物の考え方・価値観を教え込んだ。さらに、技術に強くなるには高い技術レベルを知ることから始まると考えた。そこで、部下が一流の技術陣と仕事ができる機会を意識して作ったり、他の組織を積極的に支援するようにした。

社内で話をつけて、先進ユーザーを自分の組織の担当にさせてもらう努力もした。部下のＳＥが「経験したい」、「勉強したい」と言う先進的なシステムについては、営業と喧嘩をしてでも、そのシステムを顧客に売り込んだりした。といっても顧客に迷惑をかけたわけではない。担当ＳＥが頑張ったのはもちろんだが、万一に備えて困ったときのＳＥ動員力ぐらいは持っていた。

それでも、人員は限られていたから、部下は大変だったと思う。担当する顧客がどんどん増えるので、ＳＥは年々忙しくなり、休日出勤や残業が増えた。「ずっと担当してきた顧客にこれまでのような十分な支援活動ができなくなる」と悩む部下も出てきた。

あるときは、ＳＥがどうしても足りなくなり、既存の顧客には「担当ＳＥは長期研修に行かせます。困ったことがあれば、わたしにご連絡下さい。ご迷惑はおかけしません」と説明し、了解を得て、新規顧客の導入プロジェクトの山場を乗り切ったりした。

今から考えてみれば、志を遂げるためとはいえ、随分と乱暴なことをしたものである。だが、筆者の独りよがりかもしれないが、部下のＳＥの多くは筆者の方針に賛同し頑張ってくれた。モラールも高かったように思う。当時、運輸業を担当していた組織は今では大きくなって、一つの事業部になっている。

鉄則50●SEマネジャは正論を語れ

SEマネジャは意識して「正論」を語り、その通りに行動しなければならない。SEの仕事には「何が正しい考えなのか、何が正論なのか」判断しにくい事柄が多いが、SEマネジャはそれらについて自分なりに本物を見極める力を持たなければならない。

正論とは、物ごとの原理原則に基づく、「当たり前のこと」を指す。SEマネジャは顧客やSE、営業と討議をするときに、自分の言葉で自信を持って当たり前のこと、すなわち正論を主張できなければならない。

顧客やSE、営業などから、「あの人はリーダーシップがある」と評され、信頼されているSEマネジャは、仕事上の物ごとの原理原則を的確にとらえ、公式な場で堂々とそれを主張し、自ら実行している。困った時でも、間違ってもその場しのぎの発言や行動で顧客やSEを決してごまかさない。「有言不実行」な態度では部下のSEや顧客を引っ張れないと知っているからである。

SEの仕事をしていると、「何が正しいのか」「何が本物なのか」の判断がつきにくい事柄が多い。例えば「SE」の在り方ひとつとっても、さまざまである。「ITに強い人間こそ優秀なSE」と考える人もいるし、「ITに強いことは当然だが、ITだけでは不十分」と言う人もいる。

「SEは営業の要請通りに動けばそれでよい」と言う意見もあれば、逆に「営業の言いなりになる技術者は、SEではない」とする人もいる。どちらが正しいのか、どの意見が本物なのか。その判断によってSEの行動の取り方や育ち方は大きく違ってくる。

SEの在り方にとどまらない。「お客様とは」「上司とは」「本物のシステム開発とは何か」「SEの販売活動はどうあるべきか」など多くの考えるべき事柄がある。これらの物ごとの捉え方もマネジャによって異なる。本物をつかむ人もいれば、偽物をつかむ人もいる。だれが聞いても「なるほどそれは正しい」と思う本物をつかまなければならない。周りの人が疑問を感じる偽物をつかんでいてはだれもついてこない。

SEの在り方については第1部で述べた通りである。次のような考えが本物であり正論である。「SEがシステムや製品に詳しくても、ビジネスに強くなければ、しっかりしたSEとは言えない」、「IT業界のSEは顧客の人々より、スキルがあって当然」、「SEの仕事は質×量で計るべきであり、単なる人月では計れない」。

SEの日常の行動については、「顧客との約束は実行すべし、実行できなければ約束するな」、「顧客が読んで分かる資料を作れ」などが正論である。

SEマネジャは常日ごろから、仕事にまつわるいろいろな物事について本物を見極める目を養い、探求心と意欲を持って本物を一つひとつ身に付けていくべきである。その際、注意すべきは、SEだけの世界や限られた顧客を担当した経験だけで考えないことである。時として「SEよがり」「独りよがり」になりやすいので心すべきである。また、本や新聞を読んだり、人と会話をして、「なるほど、あれはこう考えればよいのか」と心に触れた「考え方」を自分のものにすることも、本物をつかむ一つの方法である。

正論には「話す内容」のみならず、相手に何か伝えるときに「メリハリ」をつけて話すこと自体が正論の場合がある。特に、部下のSEに仕事の指示や頼みごとをするときはメリハリやけじめが重要である。SEマネジャは部下に指示や頼みごとを行なうときに「これをやってくれ」とか「あの件を頼む」と言うが、それが指示・命令なのか頼みごとなのかをはっきりさせなければならない。

新しいジョブアサインや会社・部門の方針などについては、部下が「なるほど」と納得する理由を述べてから、「やってくれ」ときっぱり指示する。また、指示の内容によっては、「それはあなたの仕事だ、やってくれ」とストレートに言わなければならない。気の弱いマネジャはここで「頼む」と言ってしまう。これでは頼まれたのだと錯覚するSEが出て来る。結果としてSEを甘やかすことになるので要注意である。

一方、助っ人を突然頼むとか、明日までになんとか仕上げてほしいとか、本来はそのSEの仕事ではないことを要請するときは、「悪いなあ、頼む」と言ったほうが良い。指示型のSEマネジャはついつい命令口調で「やってくれ」と言ってしまう。すると部下は「そんなことを急に言われても、俺の仕事ではない」と反発したくなる。言うまでもないことだが、部下に嫌な思いをさせずに気持ちよく仕事をしてもらったほうが仕事の成果は上がる。

この「やってくれ」と「頼む」の使い分けは、上司や営業など他部門に対しても同じである。本来は上司や営業の仕事であるにもかかわらず、なかなかやってくれないときは、営業であろうとも「あなたの問題だ、やってくれ」で押せばよい。頼んだり、お願いしてはならない。だが、相手が「本来は君が正しいが事情はこうだ」と言うようなら、頑固一辺倒ではなく、相手の相談にのる柔軟さも必要である。

もちろん、営業や他の部門に無理を頼むときは「やってくれ」ではまずい。要はメリハリである。会社組織ではこの「やってくれ」と「頼む」の言葉使いひとつで、物事がうまく行ったり行かなかったりする。正論ほど相手を説得できる言葉はない。

所属長と先輩を使い分けよ

SEマネジャがいかに正しい考え（正論）を持っていても、それを部下に正しく伝えて正しい行動をさせることができなければ、その価値は半減する。

部下との会話は「やってくれ」や「頼む」ばかりではない。相談ごとや質問、助言などいろいろな会話がある。SEマネジャは部下の話をよく聞くことはもちろんだが、自分の考えや助言を部下に正確に伝えることが重要である。

ところが、ITの世界のコミュニケーションはかなり難しい。目に見えないソフトやシステムを扱うため、スキルや経験が違うと、マネジャが言っている内容を部下がなかなか理解できないからである。しかも部下にしてみれば、上司であるSEマネジャの意見に疑問を抱いてもなかなか自信がないと自分の意見を言いにくい。

特に若いSEの場合や、SEマネジャがその職場に長く在籍しているケースでは相当な注意を要する。下手をすると、上司が思いつきで軽く言ったことを部下が指示・命令だと思ってその通りに行いトラブルを招く危険がある。SEマネジャは、部下があやふやな理解のまま行動して、顧客に迷惑をかけるような事態を極力避けなければならない。

筆者はこうした事態を避けるために、二つのことを心掛けていた。まず部下と話すときは、できるだけ自分の考えを正確に伝えるために紙に絵や文字を書きながら話すようにしていた。人間は聴力と視力に訴えたほうが誤解が少なく理解しやすいからである。

さらに、部下と話すときに「所属長の立場」と「先輩の立場」とを使い分けていた。部下と机の前で話しているときに話の内容やその場の状況によって、「これから先は先輩として話す」と前置きして話したものである。

すると、部下は上司ではなく先輩のエンジニアだと思うためか、変に身構えずに話を聞き、逆に筆者に意見を言ってくれたものである。当然エンジニア同士の議論の結果、より良い結論も得られた。筆者自身も部下の考えや疑問点が分かり、説明をしやすくなった。自分の考えの間違いに気づいて助かったこともある。

振り返って見ると、部下と話しているときに筆者は、所属長ではなく、SEの先輩として話していたことが圧倒的に多かった。読者の方々も部下と話しているときに、自分は所属長の気持ちで話しているのか、先輩として話しているのかを自問自答してみられるとよい。きっと、後者のほうが多いはずである。それなら部下にそうはっきり言ったほうが良い。

終わりに

『日経コンピュータ』の編集部から、システムズエンジニア（ＳＥ）に関する連載記事を書くよう依頼されたのは１９９７年のことである。依頼にやってきた記者の方は、どこで読まれたのか、わたしが日本アイ・ビー・エムにいた時に、後輩のＳＥマネジャのためにまとめた小冊子をご存知で、「日本のコンピューター関係者のために、小冊子の内容を是非とも世に問うべきだ」という。

その小冊子は『ＳＥ課長オペレーションとリーダーシップ』という題名で、１９８６年７月に出したものである。当初は日本ＩＢＭ社内に数百冊ほど配布したが、その後、数多くの部門から要望があり、２年後には協力ソフト会社も含め、２万冊近くを配布した。当時は、「隠れベストセラー」と言われたこともあった。

自画自賛をお許しいただければ、数が出たのは、内容が評価されたからだと思う。日本ＩＢＭの多くのＳＥマネジャから、「これはＳＥマネジャのバイブルだ」とか、「仕事で悩んだ時にこれを読んで勇気づけられた」とか、「大掃除をしてもこの本だけは捨てられない」と言ってもらった。

営業はじめ他の職種のマネジャからも、「営業も保守エンジニアも基本は同じだということを改めて考えさせられた」、「新任マネジャの教育に使える」などと評された。

その小冊子にはさらに原本があった。客先担当SEの第一線を1985年末に離れる際に、一緒に働いた多くの後輩SEとSEマネジャに向けて書いたメモである。「IBMを信頼してくださる我々のお客様に迷惑をかけるなよ！　後は頼む！　頑張れ！」という気持ちをこめて、一晩で書きなぐったことを今でも覚えている。

1965年に日本IBMへ入社以来、SE、営業そしてお客様の諸先輩と一緒に、数多くのシステム開発を経験してきた。コンピューターの新規導入や競合他社とのリプレース戦争で一喜一憂した。オフィスや酒の場では、仕事観・人生観について先輩や同僚と白熱した議論も交わした。

そうした経験を通じて、長年自分なりに「SEの存在価値と在り方」について、悩み、考え、理論作りを行ってきた。その結果、自分なりに摑んだ「モノ」があった。しかし、それを後輩たちには、仕事の場面場面で断片的に話しただけで、まとめて説明しなかった。

その反省から書きなぐったのが、わたしが常日ごろ心がけていた、「しっかりしたSE」になるための諸条件であった。「お客様と会社の期待にこたえることができるSE」、「ユーザーから信頼されるSE」、「営業に信頼され馬鹿にされないSE」、「社内で顔が利くSE」…。

こうしたＳＥの心構えと、とるべき行動を50カ条ほど列挙したのであった。

後輩ＳＥが「檄文」だとか「これがババイズムだ」とか言ってくれたが、86年に入り日本ＩＢＭ本社でＳＥの各種施策を立案する立場になった時に、改めてそのメモを全ＳＥマネジャ向けに再編集し小冊子として配布した。

このようにわたしとしては思い入れのある小冊子ではあるのだが、10数年前の内容が果たして今のＳＥやＳＥマネジャの方々に役立つのであろうかと、正直なところちゅうちょもした。

しかし、編集部の方は、「顧客担当のＳＥマネジャやＳＥの在り方、ＳＥの育成について具体的なことが列挙してある。メーカーだけでなく、ソフト会社やディーラーのＳＥマネジャやＳＥはもちろんのこと、ユーザーの情報システム部門にとっても非常に有益である」という。

さらに、「メーカー、ソフト会社、ディーラーといったＩＴ業界側の責任について考えさせられる点もあり、我が国の情報化の発展にも大いに役立つ」とまで言われた。そこで、及ばずながら連載をお引き受けすることにした。2年を超える連載をまとめたものが本書である。

本書は、コンピューター業界で１９６５年から30年近くを、ＳＥ一筋で生きてきたベテランが後輩に何かを残そうとまとめたものである。日本のコンピューター関係者のために少しでも貢献できるならば、わたしにとってこれほど喜ばしいことはない。

本書をまとめるにあたり、久し振りにその小冊子を読み返して見た。小冊子の「まえがき」には、次のように書いてあった。

これはある第一線のＳＥマネジャが後輩マネジャのために、自らの実践に基づいてまとめたものである。理論ではなく経験から第一線のＳＥマネジャとして、どのように物事を考え、「リーダーシップをとるために何を行えばよいか？」、そして「どのような後輩を育てるべきか？」について、ＳＥマネジャの日常の仕事の仕方を分かりやすくまとめたものである。

ＳＥマネジャの方々は参考になる点は自分のものとされ、それに各人の自流を加え、より当事者能力を発揮して、事業目標（ビジネス目標）の達成と会社の明日を担う後輩の育成に邁進してもらいたい。

先輩が長年かけて自分が学んだモノを後輩に伝え、後輩はそれをより短期間で吸収し、より充実・発展させて次の後輩に伝える。この繰り返しにより初めて科学の進歩があるように、ＳＥの世界でも先輩より優れた後輩ＳＥが生まれ、顧客との継続的な信頼関係が築け、そして会社が発展する、という事を信じこの小冊子を配布する。

日本全国のいろんな立場のＳＥマネジャの方にできるだけ意志が通じるように、「企業の大小・導入システムの大小・情報システム部門の大小」、「地方、大阪、東京などの地域性」にほとんど左右されない、普遍的な「ＳＥ・ＳＥマネジメントの在り方と物の見方・考え方」についてだけ、まとめたつもりである。

１９８６年に書いた文章をそのまま本書の読者へのメッセージにしたいと思う。ＳＥやＳＥマネジャの皆さんの事業目標の達成と、しっかりした後輩の育成に本書を役立てていただければ幸いである。最後に日経コンピュータの谷島宣之副編集長、わたしをサポートしていただいた大野敬子さん、石渡博一氏、そしてこれまで励まして下さった多くの方々に深く感謝いたします。

著者略歴

馬場 史郎（ばば・しろう）

1965年日本アイ・ビー・エムに入社し、SE企画や統括SE部長、IBM SE子会社の取締役などを務める。1993年製薬会社に入社し情報システム部で活動。1999年IT教育大手企業に移り、IT人材教育に取り組む一方、多くのIT企業の顧問を歴任。著書に「SEを極める50の鉄則」シリーズなどがある。

日経文庫

SEを極める50の鉄則

2024年6月14日　1版1刷

著者　馬場史郎
発行者　中川ヒロミ
発　行　株式会社日経BP
日本経済新聞出版
発　売　株式会社日経BPマーケティング
〒105-8308　東京都港区虎ノ門4-3-12

装幀　next door design
組版　マーリンクレイン
印刷・製本　三松堂

ISBN978-4-296-20544-8
Printed in Japan

本書籍に関するお問い合わせ、ご連絡は下記にて承ります。
https://nkbp.jp/booksQA